Ingo Leipner

KI-Angriff auf das Bewusstsein

Kritik der künstlichen Vernunft

Ingo Leipner

KI-Angriff auf das Bewusstsein

Kritik der künstlichen Vernunft

INFO3 VERLAG

Ingo Leipner
KI-Angriff auf das Bewusstsein

ISBN 978-3-95779-204-4

Erste Auflage 2024
Zweite Auflage 2024

Lektorat: Jens Heisterkamp, Frankfurt am Main
Korrektorat: Katharina de Roos, Bonn
Cover: Frank Schubert, Frankfurt am Main, unter Verwendung eines Motivs von Alamy
Satz: Ulrich Schmid, de·te·pe, Aalen
Druck: Custom Printing, Warszawa, Polen

Inhalt

Vorbemerkung

Jeden Tag eilen neue Erfolgsmeldungen durch die Medien: Künstliche Intelligenz (KI) rettet Leben, weil sie Hautkrebs schnell erkennt. KI schützt das Klima, weil sie Modelle für Meeresströme entwickelt. KI bewahrt vor Unfällen, weil sie bei Gefahr rasch auf die Bremse tritt. KI hilft in der Archäologie, weil sie Keilschriften enträtselt. KI macht Wohngebiete sicher, weil sie Einbrüche voraussagt … Eine Technologie der Wunder, die das Leben vieler Menschen in Zukunft verbessern könnte – und bereits weltweit Umsätze in Milliardenhöhe auslöst. Warum dann eine „Kritik der künstlichen Vernunft"? Warum die Frage aufwerfen, ob Künstliche Intelligenz ein Angriff auf das menschliche Bewusstsein ist?

Wie unsere Beispiele zeigen, sind die Möglichkeiten des KI-Einsatzes so vielfältig, dass ein pauschales Urteil nicht angemessen erscheint. Und: Die Technologie ist erst viel zu kurz auf dem Markt, um genug Daten zu liefern, die eine seriöse Kritik untermauern würden. Das gilt besonders für ChatGPT, das im November 2022 seinen Siegeszug um den Globus antrat (zu einzelnen Fachbegriffen siehe das Glossar am Ende dieses Buches). Mit KI hatten Experten zwar seit Jahrzehnten experimentiert, erregten aber kein Aufsehen. Doch seit 2022 sieht die Welt anders aus: ChatGPT hat es in wenigen Monaten geschafft, Gesellschaft und Wirtschaft zu durchdringen sowie einen weltweiten Hype auszulösen. Mit Texten aus der „Feder“ einer KI, die eine eindrucksvolle Imitation menschlichen Schreibens produziert.

Dabei wirkt diese Entwicklung wie ein Wettlauf von Hase und Igel: Kaum erreicht die Kritik ein ernsthaftes Niveau, abgestützt auf wissenschaftliche Erkenntnisse – schon ist die KI-Forschung wieder meilenweit davongerannt. Was bleibt? Essayistik! Genau diesen Weg haben wir gewählt. Wenn es Daten gibt, nutzen wir sie gerne, um eine wissenschaftliche Basis für unsere Überlegungen zu schaffen. So greifen wir auch Erkenntnisse der Neurobiologie sowie der Sportwissenschaften auf und orientieren uns an Ideen von Rudolf Steiner.

Entscheidend ist aber der Versuch, die Leser auf eine kleine Reise mitzunehmen, um mögliche Konsequenzen der KI-Technologie zu erforschen. Manches zeichnet sich erst unscharf am Horizont ab, manches tritt schon deutlicher zu Tage. Daher ist dieser Text ein essayistisches Gedankenexperiment. Zu erkennen am häufigen Gebrauch des Konjunktivs und einiger Spekulationen, die sich gut begründen lassen. Sie sind dringend nötig, weil KI unsere Gesellschaft „umpflügt“ – und eine „Kritik der künstlichen Vernunft“ schon heute sprachfähig sein muss, trotz aller Unvollkommenheit. Sonst spülen die Wellen des globalen KI-Marketings alles weg, was an kritischen Gedanken noch vorhanden ist. Die ökonomische Dimension der Technologie ist so gewaltig, dass sie sich Bahn brechen wird. Egal, ob wir das gut finden oder nicht.

Genau aus diesem Grund ist unser KI-Essay entstanden, um ein kritisches Schlaglicht auf diese Technologie zu werfen. Es ist sicher unvollständig, schärft aber den Blick für wesentliche Aspekte des Themas. Es geht unter anderem um die Neuroplastizität im menschlichen Gehirn, den Unterschied zwischen einer „schwächenden" und einer „stärkenden" KI, die perfekte Täuschung durch „Sora"-Videos, die Illusion der Entlastung durch Technologie und die wissenschaftliche Hypothese kognitiver Verflachung. Stichworte sind aber auch die Halluzinationen von ChatGPT, das Problem der reduzierten Schreibkompetenz durch Sprachmodelle, die Entmündigung durch KI-Beratungstools und der Angriff auf das menschliche Bewusstsein. Und am Ende geht es nicht zuletzt um den drohenden Verlust unserer Freiheit, der durch eine Dominanz der KI zu befürchten ist.

Diese Freiheit könnte nicht erst verloren gehen, wenn die KI die Weltherrschaft übernimmt, was lediglich ein Science-Fiction-Szenario darstellt. Wir erleben jetzt schon einen schleichenden Prozess, begleitet vom Sirenengesang des Marketings. Daher haben wir dieses Buch geschrieben, um auf den subtilen Einfluss aufmerksam zu machen, den KIs wie ChatGPT bereits in der Gegenwart ausüben. Zum Beispiel, wenn das Sprachmodell

Journalisten eine bessere Überschrift „schenkt“, was auf Knopfdruck locker möglich ist. Das sorgt für ein kurzes Glücksgefühl. Doch wer am Rechner sitzt, versäumt so eine Gelegenheit, ein paar Minuten sein Bewusstsein zu trainieren, indem er die richtigen Worte sucht. Das kann nicht ohne Folgen bleiben.

PS: Noch eine Bemerkung in eigener Sache. Oft taucht in unserem Text die KI wie ein handelndes Subjekt auf. Ein Beispiel aus den Zeilen weiter oben: „ChatGPT hat es in wenigen Monaten geschafft, Gesellschaft und Wirtschaft zu durchdringen.“ Das hat ausschließlich dramaturgische und stilistische Gründe, weil sich so das Essay leichter lesen lässt. Im Moment ist die KI-Entwicklung dezentral über die ganze Welt verteilt; eine allmächtige Welt-KI scheint noch als Dystopie in weiter Ferne. Obwohl Elon Musk fürchtet: KI habe das Potenzial, „gefährlicher als eine Atombombe zu sein.“[1] Dennoch vermuten wir im Moment keine zentrale Macht, die sich hinter der großen Zahl von KI-Anwendungen verbirgt. Ihre Wirkung auf das menschliche Bewusstsein könnte trotzdem kritisch sein – auch ohne Rückgriff auf Verschwörungsmythen. Das wollen wir in diesem Buch zeigen.

Ingo Leipner im Juni 2024

---

1 o. V. (2020): Axel Springer Award: Elon Musk wants to go to Mars in six years, in: www.tellerreport.com/business/2020-12-01-axel-springer-award—elon-musk-wants-to-go-to-mars-in-six-years-.HJSAYcr4jD.html vom 08.07.2021

1.

Plastizität erwünscht

Muskelkater

Unser Essay über Künstliche Intelligenz (KI) beginnt auf einem Sportplatz, denn das Zauberwort lautet: Plastizität. Ein Phänomen, das für die Muskulatur eines Leichtathleten entscheidend ist. Plastizität ist aber auch für unser Gehirn eine entscheidende Kategorie.

Wer regelmäßig auf einem Sportplatz seine Runden dreht, erhöht seine Leistungsfähigkeit. Sicher keine erschütternd neue Erkenntnis, aber interessant sind die Details: Ein Trainingsreiz muss die Muskeln auf einem Niveau fordern, das gewöhnliche Belastungen übersteigt. So bilden sich Mikrorisse in den Muskeln, ein „Muskelkater" kann die Folge sein. Wichtig ist im Trainingszyklus: Es muss eine Phase der Erholung eingeplant werden, ungefähr 24 Stunden lang. Der Körper braucht sie, um „beschädigte" Muskelfasern zu reparieren. Nur in dieser fest eingeplanten Ruhe kommt es zur „Hypertrophie" der Muskeln, dem Aufbau neuer Muskelmasse.

Der Hintergrund: Eigentlich sind adulte Muskelzellen am Skelett nicht mehr in der Lage, sich durch Teilung zu vermehren. Deshalb heißen sie in der Biologie „enddifferenzierte Zellen". Doch der Körper ist schlau: Angeschlagene Fasern werden nicht nur einer Reparatur unterzogen, sondern auch in eine dickere Form gebracht, um sie fit für künftige Herausforderungen zu machen. Diese Anpassung nennen Sportmediziner „Superkompensation", weil sie über das geforderte Maß einer reinen „Reparatur" hinausgeht.

So werden die Belastungen im Training zum wichtigen Faktor, damit sich Muskeln neuen Aufgaben anpassen. Das geschieht auf einer zellulären Ebene – und dabei lautet das entscheidende Wort: „Plastizität". Es stammt aus dem Griechischen (plastiké) und steht für „Formbarkeit", die eine dauerhafte Veränderung möglich macht. Der Gegensatz dazu ist die „Elastizität", eine Eigenschaft, die es nach Veränderungen erlaubt, zum ursprünglichen Zustand zurückzukehren. „Plastizität" gilt daher als eine Fähigkeit von Organismen, „sich der Umwelt in der Entwicklung und bei konkreten neuen Bedingungen anzupassen."[2]

Mit dieser Einsicht springen wir vom Sportplatz ins Kinderzimmer, wo Plastizität sehr gefragt ist. Es geht immer um Lernprozesse, über die auch der Zeichner Charles M. Schulz nachgedacht hat. Sein Cartoon zu

---

2 Dorsch, Lexikon der Psychologie (o. J.): Plastizität, in: https://dorsch.hogrefe.com/stichwort/plastizitaet vom 08.02.2024

unserem Thema erschien 1957 – eine kleine Geschichte der Peanuts, die uns in die Welt der Entwicklungspsychologie katapultiert: Linus schnappt sich eine Keksschachtel, holt drei Kekse nacheinander heraus, um sie zu verbiegen:

1. Knacks, Sprechblase: „Mist.“
2. Knacks, Sprechblase: „Mist.“
3. Knacks, Sprechblase: „Mist.“

Dann läuft er zu Lucy. Sprechblase: „Seufz.“

Die zwei Peanuts unterhalten sich: „Ich hab' gerade was gelernt“, sagt Linus. „Was denn?“, fragt Lucy. Die Antwort: „Selbst bei größter Anstrengung kriegst du einen Keks nicht gebogen.“ Die mangelnde Plastizität von Keksen führt uns zu einer wichtigen Erkenntnis: Die geistige Plastizität unterliegt ähnlichen Regeln wie die muskuläre Plastizität. Linus nimmt immer wieder einen neuen Anlauf, um zu scheitern, so lange, bis er zur dauerhaften Einsicht kommt, dass sich Kekse nicht biegen lassen. Dazu gehört wie bei der Leichtathletik ein hohes Maß an Frustrationstoleranz, die nicht vom Himmel fällt, sondern durch stetes Üben entwickelt wird.

Vor der Keksschachtel schafft es Linus, kognitiv Neuland zu erobern – ein Trainingseffekt auf der geistigen Ebene. Doch damit wird er nicht lange zufrieden sein, weil bald der Biss in einen Pfirsich neue Erfahrungen bringt. So haben uns die Peanuts auf die Bedeutung der Neuroplastizität gestoßen, wenn es ums Lernen geht. Daher steht dieser faszinierende Prozess im Mittelpunkt des nächsten Abschnitts.

Neuroplastizität

Die Geschichte der Peanuts war amüsant, doch die moderne Gehirnforschung blickt noch tiefer in unsere Lernprozesse, zum Beispiel durch die Kernspintomografie: Sie macht mit Hilfe von Magnetfeldern im Gehirn Schicht für Schicht sichtbar und Wissenschaftler können in völlig neue Welten vordringen, wenn sie Prozesse im Gehirn erforschen. Eines ihrer Forschungsthemen ist die Neuroplastizität. Denn: Das Prinzip der Plastizität ist ziemlich umfassend, sobald es um unsere Reaktionen auf sich wandelnde Umweltbedingungen geht. Welche Bedeutung hat in diesem Kontext die Neuroplastizität? Sie beschreibt „die Veränderbarkeit neuronaler Verbindungen im Nervensystem", so der Wissenschaftler Josef P. Kapfhammer von der Universität Basel.[3] Weiter heißt es in seinem Text: „Das Konzept neuronaler Plastizität steht damit für die Erkenntnis, dass die neuronalen Verbindungen nicht starr und invariabel sind." Vielmehr können sie Veränderungen unterliegen, etwa durch ein bestimmtes funktionelles Geschehen (Lernprozesse) oder nach Verlust von Nervenzellen, etwa durch einen Unfall.

Ein solches variables Netzwerk im menschlichen Gehirn unterscheidet Kapfhammer grundsätzlich „von der Verschaltung eines elektronischen Computerchips, die unveränderbar festliegt." Diese Fähigkeit neuronaler

3 Kapfhammer, Josef P. (o. J.): Plastizität im Nervensystem, in: www.spektrum.de/lexikon/neurowissenschaft/plastizitaet-im-nervensystem/9979, vom 13. Februar 2024

Plastizität entdeckte der Gehirnforscher Donald O. Hebb, er prägte auch den Begriff der „Lernsynapse". Vorher ging die Wissenschaft davon aus, dass das Gehirn eines Erwachsenen fertig entwickelt sei und sich bis zu seinem Tod nicht mehr verändere.

Doch die Idee der Neuroplastizität führte zu der Einsicht: Geistige Anstrengungen sind unabdingbar – genauso wie das Training der Sportler, um „Muskulatur" aufzubauen. Dabei wollen wir aber nicht der Gefahr eines neurologischen Reduktionismus erliegen, wenn wir über das Phänomen der Neuroplastizität nachdenken. Es geht uns immer um innere, im weitesten Sinne geistige Prozesse des Menschen, die sich auf die Funktionalität des Gehirns auswirken. Umgekehrt sind diese Prozesse aber genauso auf ein vitales Gehirn angewiesen.

Im Gehirn geht es dabei um die physiologische Grundlage kognitiver Fähigkeiten: „Damit ist gemeint, dass sich bleibende Kontakte (= Synapsen) zwischen Nervenzellen nur durch Aktivierung aufbauen lassen. So bildet sich die Lernleistung des Gehirns aus", stellt die Neurobiologin Gertraud Teuchert-Noodt fest. Forscher hätten auch herausgefunden, dass die „Lernsynapse" ein hochkomplexes Rezeptorsystem darstellt. Es macht gerade in höheren Hirnregionen die nötige Aktivität verfügbar, damit Lernen und Gedächtnisbildung stattfinden können."[4]

---

4 Teuchert-Noodt, Gertraud (2018): Zu Risiken und Nebenwirkungen fragen Sie das Gehirn, in: Lembke, Gerald / Leipner, Ingo: Die Lüge der digitalen Bildung, Redline, München, S. 213/214

Wer sich für das „hochkomplexe Rezeptorsystem" interessiert, sollte in der neurobiologischen Fachliteratur nachschlagen. Sie beschreibt ausführlich die biochemischen und bioelektrischen Mechanismen, die Impulse durch neuronale Netze schicken. Für unsere kurze Darstellung ist entscheidend: Die Neuroplastizität bildet mit ihren Synapsen das Fundament, das für alle Formen des Lernens notwendig ist. Und das gilt nicht nur für die Kindheit und Jugend, sondern für das gesamte Leben!

Etwa 100 Milliarden Nervenzellen – diese unvorstellbar große Zahl steht für das menschliche Bewusstsein, zumindest auf einer materiellen Ebene. Diese Zellen befinden sich alle im Gehirn, in dem ein gewaltiges Gewitter aus elektrischen Impulsen tobt. Wird eine neuronale Verbindung zu wenig genutzt, kann sie verschwinden. Das Gegenteil geschieht, sobald die Verbindung intensiv und regelmäßig in Betrieb ist. Wenn Hirnareale häufig „angefunkt" werden, wächst ihre Masse, weil sich das Netzwerk zwischen den Synapsen weiter ausbreitet. So passt sich das Gehirn an, um neue Aufgabe zu bewältigen.

Daher gilt die zentrale Erkenntnis: „Bei der Neuroplastizität handelt es sich um einen neurophysiologischen Mechanismus, welcher für Lernprozesse und die Gedächtnisfunktion unerlässlich ist."[5] Umgekehrt bedeutet das: Erlahmt die Neuroplastizität, kann das

5 o. V. (2023): Neuroplastizität, in: www.studysmarter.de/schule/biologie/neurobiologie/neuroplastizitaet/ vom 13.02.2024

negative Auswirkungen auf unsere kognitive Leistungsfähigkeit haben. Soweit eine kurze Beschreibung, wie wichtig die Neuroplastizität für unsere geistige Gesundheit ist.

Damit haben wir ein Fundament für die nächsten Kapitel gelegt, die sich mit den Wechselwirkungen von Mensch und KI-Systemen beschäftigen. Was ist dabei der Unterschied zwischen einer „stärkenden" und einer „schwächenden" KI? Und was sagt Rudolf Steiner zum Gehirn, das er als „Spiegel" höherer Wesensglieder interpretiert?

2.

Ambivalenz erkannt

Stärkende KI

Ausgerechnet Manfred Spitzer! Er stürmte 2012 voraus, als er mit dem Buch *Digitale Demenz* Wechselwirkungen kritisierte, die immer bedrohlicher zwischen Menschen und digitalen Medien auftreten. Was 2012 noch Hohn und Spott auslöste, ist 2024 ganz selbstverständlich in der *Süddeutschen Zeitung* zu lesen. Da wird beispielsweise über eine Entschuldigung aus Dänemark berichtet, die der Minister für Kinder und Bildung gegenüber Jugendlichen aussprach. Mattias Tesfaye sagte in einem Interview, dass man Schüler zu „Versuchskaninchen in einem digitalen Experiment" gemacht habe, „dessen Ausmaß und Folgen wir nicht überblicken können".[6]

Und was schreibt Manfred Spitzer über künstliche Intelligenz? Erstaunliches: Der Psychiater charakteri-

---

6 Rühle, Alex (2024): Enttäuschte Liebe, in: www.sueddeutsche.de/politik/digitalisierung-daenemark-schule-handy-pisa-tablet-1.6344670 vom 17.02.2024

siert in seinem aktuellen Buch, wie vielfältig der KI-Einsatz in der Wissenschaft sein kann.[7]

Beispiel Astronomie: Die Zahl der Weltraum-Teleskope nimmt ständig zu, die Auflösung ihrer Aufnahmen wird immer größer. So entstehen gewaltige Datenmengen, die Astronomen heranziehen, um etwa Galaxien zu klassifizieren. Treten kosmische Nebel in Haufen-, Ellipsen- oder Linsenform auf? Die neuronalen Netzwerke werden jetzt mit solchen Bildern trainiert – und Spitzer stellt fest: „Sie können nach dem Training solche Bilder etwa so gut beschreiben und die Galaxien klassifizieren wie Astronomen."

Beispiel Pharmazie: Das Problem spiegelt sich in einer Zahl: 63,5 Billionen. So viele Varianten gibt es vom Molekül $C_{40}H_{82}$ im zweidimensionalen Raum, was bereits 1969 in *Science* publiziert wurde. Das deutet an, wie riesig der Suchraum sein kann, in dem sich Chemiker und Pharmazeuten bewegen müssen, um neue wirksame Substanzen zu identifizieren. Da verliert ein einzelner Wissenschaftler schnell den Überblick – und diese gigantischen Datenmengen sind wiederum ein guter Grund für KI-Anwendungen. Spitzer: „Hier kann KI helfen, den riesigen Suchraum von möglichen Synthesewegen zu verkleinern, um neue Synthesewege zu finden."

7 Spitzer, Manfred (2023): Künstliche Intelligenz. Dem Menschen überlegen – wie KI uns rettet und bedroht, Droemer, München, S. 108–129

Beispiel Meteorologie: Extreme Wetterereignisse häufen sich, eines davon war 2021 die Flutkatastrophe im Ahrtal, die mindestens 133 Menschen in den Tod riss. Daher gilt: Je präziser Wettervorhersagen sind, desto besser lassen sich solche Katastrophen bewältigen. KI kann dabei helfen: 2023 berichtete das Fachblatt *Nature*, wie das KI-Modell „Pangu-Weather" in der Lage ist, u.a. Temperatur oder Luftdruck vorauszusagen – deutlich schneller als konventionelle Vorhersage-Modelle. „Gerade weil extreme Wetterprozesse typischerweise Lebensdauern von nur einigen zehn Minuten aufweisen, werden neuronale Netzwerke die Vorhersage künftig deutlich beschleunigen und damit dazu beitragen, materielle Schäden und menschliches Leid zu vermindern", schreibt Spitzer.

Der Psychiater zieht als Resümee: „Zum sinnvollen Einsatz von KI in der Wissenschaft sind Experten notwendig. Und schließlich gilt: KI wird Experten nicht ersetzen, aber Experten, die KI verwenden, werden Experten ersetzen, die keine KI verwenden." Ein sicher unerwartetes Zitat aus Spitzers Buch, das sich sonst auch kritisch mit KI-Anwendungen auseinandersetzt.

So müssen auch wir versuchen, einen differenzierten Blick auf diese technologischen Phänomene zu werfen. Wir kommen in der Kritik nicht weit, wenn wir sie auf Science Fiction-Phantasien reduzieren wie etwa die Angst vor einer globalen KI-Herrschaft, die alle Menschen unterjocht. Bisher haben wir den Eindruck: Die Herrschaft künstlicher Intelligenz entfaltet sich nicht in

Roboter-Armeen, sondern durch einen sublimen Einfluss auf das menschliche Denken. Es ist der Angriffspunkt für die dunkle Seite der KI, die auch helle Seiten kennt. Daher ist es notwendig, zwischen einer *stärkenden KI* und einer *schwächenden KI* zu unterscheiden.

Die Geschichte der Technik prägen Sprünge in der Entwicklung, die oft zu einem tieferen Verständnis der Welt geführt haben. Nehmen wir als Beispiel die Sehkraft: Ursprünglich war sie auf die Augen des Menschen beschränkt, was den Horizont der Erkenntnisse eingeengt hat. Mit Brille und Lupe stärkten wir unsere optische Wahrnehmung, später kam das Mikroskop hinzu – und plötzlich wurde die Welt der Bakterien sichtbar. Ein weiterer großer Schritt war sicher die Magnetresonanztomographie (MRT), die besonders gut in der Lage ist, innere Organe wie Gehirn oder Herz darzustellen. Auf keinen dieser Schritte wollen wir heute verzichten, weil sich so immer intensivere Möglichkeiten erschlossen haben, uns selbst und die Welt zu untersuchen und besser zu verstehen.

Wenn wir Spitzers Beispiele aus der Wissenschaft Revue passieren lassen, kann deutlich werden: Diese KI-Anwendungen stehen in der Tradition der technischen Entwicklung, wie wir sie gerade beispielhaft für die Sehkraft aufgezeigt haben. Solche neuronalen Netze schärfen den wissenschaftlichen Blick, weil sie gewaltige Datenberge durchdringbar machen. Wie beim Sprung von der Lupe zum MRT wachsen die Chancen, um durch KI zu Erkenntnissen zu gelangen, die sonst im

Verborgenen geblieben wären. Und das Beispiel aus der Meteorologie zeigt: Schnellere Wettervorhersagen können Menschenleben retten. Daher bezeichnen wir diese Spielart der Technologie als *stärkende KI*.

Ein KI-Marketing würde hier nun abbrechen, nachdem es alle Vorteile einer revolutionären Technologie besungen hat. Technologisch gibt es nur eine Richtung: „Höher, weiter, mehr" – und der immer schneller drehende (digitale) Fortschritt verwandelt die Erde in ein Paradies … Etwas, das im Silicon Valley viele „IT-Nerds" dem Rest der Welt als Ersatzreligion verkaufen wollen. Wir sollten aber diesem profitgetriebenen Optimismus eine andere Sichtweise entgegensetzen. Die Ambivalenz der KI ist nicht zu übersehen, weshalb wir im nächsten Abschnitt zu ihren Schattenseiten kommen.

Schwächende KI

Warum sprechen wir von einer *schwächenden KI*? Das liegt an der großen Bedeutung der Neuroplastizität, die wir im Ansatz herausgearbeitet haben (Kapitel 1). Auch für das Gehirn gilt der Satz „use it, or lose it“ (benutze es, oder verliere es). Diese englische Sentenz stammt aus der Sportwelt, eine deutsche Entsprechung würde lauten: „Wer rastet, der rostet.“ Wer sein Training vernachlässigt, wird erleben müssen, wie die aufgebauten Muskeln wieder schwinden. Der Sportwissenschaftler Dominic Zimmermann erkennt dahinter „ein Prinzip, das sowohl für körperliche als auch mentale Fähigkeiten und Fertigkeiten gilt.“[8]

Zimmermann verdeutlicht das Gemeinte mit Beispielen: „Ein Künstler muss regelmäßig malen oder sein Instrument spielen, damit seine Fertigkeit weiterhin auf dem gewünschten Level bleibt. Ein Schauspieler muss regelmäßig auf der Bühne stehen, um nicht einzurosten.“ Während es bei einer vernachlässigten Muskulatur zum Abbau kommt, sieht die Situation im Gehirn etwas anders aus: „Bei Fähigkeiten wie Kunst, Schauspiel oder koordinativ anspruchsvollen Bewegungen liegt es eher daran, dass die zuständigen Nervenbahnen (neuronale Verbindungen) nicht mehr genutzt werden und tatsäch-

---

8 Zimmermann, Dominic (o. J.): Use it or lose it: Warum du Muskeln verlierst, wenn du sie nicht trainierst, in: https://allroundathletics.de/us-it-or-lose-it-muskeln/ vom 13.02.2024

lich ‚rosten'." Das heißt: Die Neuroplastizität ist von Tag zu Tag neu zu fordern, sonst verlieren wir wesentliche Fähigkeiten, die unser Menschsein ausmachen. Genau das könnte der Angriffspunkt einer *schwächenden KI* sein: Sie reduziert kognitive Funktionen und verhindert damit Trainingseffekte der Neuroplastizität.

Diese Aussage lässt sich um eine Perspektive der Anthroposophie erweitern: Das Gehirn ist Teil des physischen Leibes; Vorstellungen und Gedanken gehören aber in die Sphäre der höheren Wesensglieder des Menschen, vom Lebensleib bis zum Ich. Das Gehirn denkt nicht! Daher fragt sich Rudolf Steiner: „Welche Bedeutung hat das Gehirn, hat überhaupt die äußere leibliche Organisation für die Erkenntnis, sagen wir zunächst nur für das Vorstellungsleben?"[9]

Steiner deutet eine Antwort an, indem er eine Metapher benutzt – den Spiegel. Die „Arbeit des Gehirns" habe dieselbe Funktion „wie der Spiegel für den Menschen, der sich darin sieht." Nur, dass sich jetzt im Gehirn spiegelt, „was eigentlich vorgeht in unserer Seele, wenn wir vorstellen, denken." Und Steiner spitzt seine Idee noch weiter zu:

> „Derjenige, der nun behaupten wollte, das Gehirn denke, es ginge die Vorstellungsarbeit im Gehirn vor sich, der redet gerade so gescheit wie der, der einem

9 Steiner, Rudolf (1995): Weltenwunder, Seelenprüfungen und Geistesoffenbarungen, GA 129, Dornach/Schweiz, S. 139ff.

> Spiegel entgegengeht und sagt: Ich, ich bin nicht da, wo ich gehe; das bin nicht ich; ich muss einmal da hereingreifen – in den Spiegel –, da drinnen stecke ich."

Damit weist Steiner dem Gehirn die Funktion zu, dem Menschen die „innere Tätigkeit der drei höheren Glieder der menschlichen Organisation" zu erschließen. Verkennt er auf diese Weise die Komplexität des „Denkapparats" (!), indem er ihn in seiner metaphorischen Sprache auf die Wirkungen eines Spiegels reduziert? Keineswegs, denn Steiner merkt auch an: „Das Gehirn ist ein ungeheuer komplizierter Spiegel, und es muss eine komplizierte Tätigkeit stattfinden, damit das Gehirn das Werkzeug werden kann, um nicht unsere Gedanken zu erzeugen, sondern sie zurückzuspiegeln." Da klingt bereits eine Ahnung an, wie Neuroplastizität die Entwicklung kognitiver Fähigkeiten möglich macht.

Die Neuroplastizität haben wir auf einer materiellen Ebene als unabdingbar beschrieben. Nur unter dieser Bedingung sind Menschen in der Lage, kognitive Fähigkeiten zu entwickeln. Dazu nutzen sie ihr Gehirn als „ungeheuer komplizierten Spiegel", um sich der Gedanken und Gefühle bewusst zu werden, die im seelischen Bereich entstehen. Diese Möglichkeit der Spiegelung verknüpft die höheren Ebenen des Menschen mit der physischen Grundlage des Denkens – dem Gehirn. Die Idee der Neuroplastizität steht somit in keinem Widerspruch zu Steiners Erklärung des Denkens. Vielmehr ist die Formbarkeit der Neuronen daran beteiligt, die Qualität des Spiegels zu gestalten. Bekommt er mit der Zeit Flecken? Wird er ordentlich poliert? Gibt es Kratzer? Etwa, wenn eine *„schwächende KI"* in Erscheinung tritt?

Diese Überlegungen führen uns auf das eigentliche Spielfeld, wo u.a. Künstliche Intelligenz dem Menschen begegnet. Unsere Frage lautet: Kann die KI größere Kratzer auf unserem „geistigen Spiegel" hinterlassen? Polieren wir ihn noch genug, um etwas durch Neuroplastizität zu lernen und das Seelenleben aktiv zu gestalten? Könnte es sein, dass KI kognitive Fähigkeiten untergräbt – und damit die Ich-Entwicklung zunehmend beeinträchtigt?

Um diesen Fragen auf die Spur zu kommen, haben wir zuerst das Prinzip der Plastizität herausgearbeitet – und Steiners Idee der Spiegelung eingeführt. Damit im Gepäck geht es jetzt weiter. Wir werden versuchen, mögliche Wechselwirkungen zwischen Maschine und Mensch genauer ins Auge zu fassen. Es kann zum Beispiel nicht ohne Konsequenzen bleiben, wenn die Welt mit Fake-Videos geflutet wird, was wir im folgenden Kapitel schildern werden.

3.

Realität ertränkt

Perfekte Täuschung

„*Schwächende KI*"? Wirklich? Während diese Zeilen geschrieben werden, hat die Firma Open AI ihre neue KI „Sora" veröffentlicht (Februar 2024). Das Unternehmen hatte 2022 mit ChatGPT einen globalen Coup gelandet. Seitdem überschlagen sich die Schlagzeilen, wie groß die ökonomische Revolution sein wird, getragen von der allmächtigen KI.

PR und Marketing versprechen eine rosarote Zukunft – und der Software-Monopolist Microsoft hat gleich zehn Milliarden Dollar in Open AI gesteckt. Und die Firma liefert erneut, jetzt mit „Sora": Diese KI arbeitet genauso wie ChatGPT mit „Prompts" – Anweisungen, die in natürlicher Sprache einzutippen sind, um der KI ihren Auftrag zu erteilen. Dann schnell auf „Generieren" klicken, und in kurzer Zeit ist das Produkt fertig. Aber: „Sora" produziert keine Texte, sondern bald perfekte Videos! Damit geht Open AI den logisch nächsten Schritt – und wirft gewaltige Fragen auf.

Schauen wir uns dazu wichtige Beispiele von Open AI an:

Prompt 1: „New York ist im Meer wie Atlantis versunken. Fische, Wale, Seeschildkröten schwimmen durch die Straßen der Stadt."

Das Programm erzeugt uns verblüffende, aber harmlose Bilder: Der Strom der Meerestiere wirkt wie eine hervorragende Animation, wie wir sie inzwischen von zahlreichen Filmen gewöhnt sind. Großes Kino, starke Effekte. Doch schon ein junger Mensch würde erkennen, dass ihm diese Video-Sequenz eine surreale Szenerie vorgaukelt. Das gilt auch für Schmetterlinge, die unter Wasser durch Korallen fliegen, oder Raumfahrer mit Helmen, die aus roter Wolle gestrickt sind.

Prompt 2: „Eine Kochsession für hausgemachte Gnocchi, veröffentlicht von einer großmütterlichen Influencerin. Die Umgebung ist eine rustikale Landküche in der Toskana, mit einer filmreifen Ausleuchtung."

Jetzt vergeht uns der Spaß: Eine freundliche, alte Italienerin gewährt uns Einblicke in ihre Küche – absolut fotorealistisch, und damit auf den ersten, zweiten … zehnten Blick nicht mehr als Fake zu entlarven. Die Frau wirkt völlig natürlich, ja sehr gewinnend mit ihrem Lächeln. Die Falten im Gesicht, ihr weißes Haar, die Gesten ihrer Hände. Alle Details stimmen; KI „Sora" hat den zweiten Prompt perfekt in Szene gesetzt. Beginnt da das Wirken einer „schwächenden KI"?

Schauen wir dieses Phänomen zuerst einmal rein betriebswirtschaftlich an. Für einen entsprechenden Werbespot von 30 Sekunden bräuchte ein Produzent Casting-Agenturen, Darsteller, Drehbuchautoren, Regisseure, Requisiteure, Kameraleute oder Maskenbildner. Die Aufzählung dürfte nicht vollständig sein … Dazu käme ein Filmstudio mit teurer Ausstattung, Spesen, Reisen … Kosten über Kosten, die sich durch „Sora" in Luft auflösen. Der richtige Prompt, ein Klick – und schon ist die perfekte Werbung für Gnocchi im Kasten. Welcher Finanzvorstand würde da „Nein" sagen?

Nicht verwunderlich, dass 2023 in Hollywood die Drehbuchautoren fünf Monate lang streikten, weil sie u.a. den KI-Einsatz in ihrem kreativen Bereich eindämmen wollten. Die Sorge der Autoren: Künftig könnte ChatGPT gleich die kompletten Drehbücher entwerfen. Laut *Deutschland Funk* gelang es aber der Gewerkschaft, den Film- und Fernsehproduzenten die Garantie abzuringen, „dass der Einsatz von Künstlicher Intelligenz die Autorenschaft und Honorare von Schreibern nicht beeinträchtigen wird."[10]

10 Deutschland Funk (2023): Gewerkschaft der Drehbuchautoren beendet Streik, in: www.deutschlandfunkkultur.de/usa-drehbuch-autoren-hollywood-streik-vorlaeufige-einigung-100.html#:~:text=Gewerkschaft%20der%20Drehbuchautoren%20beendet%20Streik&text=Fast%20f%C3%BCnf%20Monate%20streikten%20die,deutsche%20Branche%20bedeutet%20%E2%80%93%20ein%20%C3%9Cberblick. vom 26.02.2024

Doch die Büchse der Pandora hat sich bereits viel zu weit geöffnet – KI-Modelle wie „Sora" hatten die Drehbuchautoren noch gar nicht im Blick. Gregor Gruber stellt auf *futurezone.at* fest: „Jetzt könnten Schauspieler, Stuntpeople, Kameraleute, die Requisite und so ziemlich alle direkt am Filmdreh beteiligten Personen obsolet werden – wegen Sora." Open AI wirbt nämlich damit, dass ihre Video-KI nicht nur simple Einzelaufnahmen macht, sondern Szenen aufnimmt, bei denen mehrere Kameraeinstellungen, Objekte und Charaktere ins Spiel kommen können. „Sora" würde nicht bloß die Texteingaben stur umsetzen, sondern verstünde auch, „wie sich die Menschen und Objekte in der echten Welt physikalisch verhalten", so Gruber. Das zeigt sich auch beispielhaft an „süßen" Hundewelpen, die durch den Schnee tollen – genau das richtige Futter für Likes in den Social Media. „Sora" macht's möglich.

Die ökonomische Ratio wird kein Erbarmen kennen: Für sie sind Menschen Zahlen, sie schrumpfen zu Kostenstellen in der Buchhaltung. Mit geringem Personalaufwand sind maximale Profite zu erzielen – so lautet das Credo im Kapitalismus. Ach …, das sind eigentlich Menschen? Kreative Köpfe, die auf der Straße landen? Pech gehabt, denn Menschen sind nur ein „collateral damage", wie es in der zynischen Sprache des modernen Militärs heißt. Es handelt sich um den Begleitschaden eines technischen Fortschritts, der wie eine Naturgewalt über die Menschheit kommt, wie oft behauptet wird. Denn so lässt sich die Verantwortung für Technologie an der Garderobe abgeben, weil es der technische Fortschritt angeblich schafft, unaufhaltsam über die Menschen hereinzubrechen. Dabei liegt es immer in der Hand des Menschen, wie er den technischen Fortschritt vorantreibt.

Zurück zur Form der *„schwächenden KI“*, die noch mehr Schaden anrichten könnte. Nicht nur Arbeitsplätze werden vernichtet, sondern auch kreative Potenziale von Menschen. Ihre Kreativität und Phantasie fließt (noch) in Video- und Filmproduktionen: Wie fällt das Licht optimal aus? Was bringt ein Schauspieler zum Ausdruck? Welcher Schnitt wird gewählt? Wie ist die Handlung komponiert? Bisher lernen junge Regisseure ihr Handwerk auf Filmhochschulen; Cutter sind ein eigener Berufsstand; und vor allem können echte Schauspieler die Herzen des Publikums berühren, wenn ihre Ausstrahlung stark genug ist. Alles vorbei? Auf jeden Fall könnten auf diese Weise Menschen eine weitere Chance verlieren, ihre Neuroplastizität zu nutzen, um neue Denkbahnen der Kreativität im Gehirn zu schaffen.

Gregor Gruber zitiert den Regisseur James Cameron mit den Worten: „Ich glaube nicht, dass KI etwas kreieren kann, das die Zuschauer bewegt.“ Das soll er 2023 gesagt haben. Gruber weiter: „Sora kann das aber. Wenn das mit so etwas Simplem wie Hundebabys möglich ist, geht das auch mit Szenen mit Menschen – die alle von der KI ‚erfunden‘ sind.“ Der Autor befürchtet: „Mehr visueller Einheitsbrei für die Zuschauer, weniger Jobs in der Filmbranche. Freuen über diese Entwicklung tun sich nur die großen Filmstudios, die damit Geld und Zeit sparen."[11]

Doch die Profiteure einer „*schwächenden KI*" werden sich weitere Betätigungsfelder suchen: die Verwirrung der Köpfe durch eine gefälschte Realität. Klingt nach einem Widerspruch, aber die Tücke von „Sora" besteht nicht in surrealen Szenerien, etwa Schmetterlingen, die unter Wasser durch Korallen segeln. Die eigentliche Gefahr liegt in der perfekten Simulation einer Realität, die wir als Zuschauer für bare Münze nehmen. Unser Beispiel war die italienische Großmutter, die freudig ihre Gnocchi präsentiert. Vielleicht werden professionelle TV-Redaktionen die gefakten Videos enttarnen. Doch in den Social Media gehen heute schon die absurdesten Geschichten viral – wie werden sie sich erst ins Bewusstsein einbrennen, wenn ihnen „Sora" den letzten Schliff gibt? Die Realität ertrinkt in Fakes.

11 Gruber, Gregor (2024): Filmreife KI-Videos: Ein Hollywood-Drama bahnt sich an, in: https://futurezone.at/digital-life/sora-ki-hollywood-jobs-gefahr-analyse-ai-generator-video-openai-text/402782080?fbclid=IwAR0IHZacyhRzYrAnwKHrxspZ79hw3lyzg3Xw-ecv7pw4Jv3-gr4-MxNdWfk vom 26.02.2024

Schon in Deutschland angekommen …

Die *Frankfurter Rundschau* schreibt im April 2024:[12] „Ausgerechnet mit dem Slogan ‚Gesicht zeigen!' ist ein Facebook-Post des AfD-Ortsverbands vom 8. Februar überschrieben." Das Gesicht auf dem veröffentlichten Bild gehöre zu einem Tobias Mayer aus Bad Boll. Hinter ihm sei „unscharf eine Landschaft mit zwei Windrädern" zu sehen. Außerdem ist ein Zitat des jungen Mannes zu lesen: „Weil die Verspargelung der Landschaft überhand nimmt, bin ich AfD-Mitglied geworden." Klingt authentisch, ist es aber nicht. Dieser Tobias Mayer existiert nicht – das Bild hat eine KI erstellt. Zwar mit Fehlern, aber so täuschend echt, dass ein Kommentar zum Posting lautet: „Hat zwar lange gedauert, dass du den Weg zu uns gefunden hast, aber dennoch toll".

Klar: Mediale Produkte sind oft verzerrte Perspektiven auf die Realität, stets der Subjektivität ihrer Erzeuger ausgeliefert. Wer kommt zu Wort? Wer nicht? Was gefällt dem Mainstream? Sie wird heute schon gefördert, die Täuschungsanfälligkeit der Menschen. Sie ist so groß, dass KI-Bildern und -Videos breite Einfallstore

12 Huesmann, Felix (2024): AfD nutzt KI für genehme Fotos, in: Frankfurter Rundschau, Nr.77, 02.04.2024, S. 6

offenstehen, um ins Bewusstsein der Menschen zu dringen. Täuschung 4.0. Das kann neue Gräben in der Gesellschaft aufreißen, die Bildung individueller Info-Blasen bewirken und sogar das Fundament demokratischer Gesellschaften erschüttern.

Ein weiteres Beispiel für diesen Trend stammt aus dem Vorwahlkampf in den USA, Januar 2024: Wie der TV-Sender *ntv* berichtet, erhielten Bürger in New Hampshire einen persönlichen Anruf von Präsident Joe Biden: „Es ist wichtig, dass Sie Ihre Stimme für die Wahlen im November aufheben […], denn eine Stimmabgabe an diesem Dienstag ermöglicht es den Republikanern, Donald Trump erneut zu wählen." Dieser widersinnige Appell von höchster Stelle sollte demokratische Wähler davon abhalten, sich an der Vorwahl zu beteiligen. Der Sender schreibt dazu: „Fingierte Wahlkampf-Anrufe von US-Präsident Joe Biden schüren die Angst vor Manipulationen mithilfe künstlicher Intelligenz im Rennen ums Weiße Haus." Denn: Eine KI hatte Bidens Stimme täuschend echt gefälscht.[13] Diese Meldung bringt uns im nächsten Abschnitt zum Thema „Medienmündigkeit".

13 ntv (2024): Anruf von Fake-Biden befeuert Sorge vor Wahlmanipulation, in: www.n-tv.de/politik/Anruf-von-Fake-Biden-befeuert-Sorge-vor-Wahlmanipulation-article24681721.html vom 27.02.2024

Medienmündigkeit

Eine Angst geht um, die Angst vor ungeahnten Möglichkeiten der Manipulation. Das zeigen die ersten Videos, die mit „Sora“ erzeugt wurden. Dazu stellt der Kommunikationswissenschaftler Harald Gapski fest:

> „Im Zusammenhang mit KI als gesellschaftliches Phänomen erstarken Bildungsdimensionen, welche das Welt- und Selbstverhältnis des Menschen besonders hinterfragen, positionieren und wandeln. KI stellt den Menschen in nochmals stärkerem Maße vor fundamentale Fragen seiner Identität, Souveränität und Freiheit.“[14]

Gapski ist Leiter der „Grimme Forschung“ und wirft Fragen auf, die am Kern der menschlichen Existenz rütteln: Wer sind wir, und wie wollen wir souverän in Freiheit leben? Diese Fragen stellten sich in „nochmals stärkerem Maße“ sobald KI ins Spiel kommt. Aber solche Fragen liegen schon lange Jahre in der Luft, seit digitale Medien unsere Leben verändern. KI fügt allerdings weitere Dimensionen hinzu.

Daher greifen wir jetzt das Thema „Medienmündigkeit“ auf, weil die Täuschungsanfälligkeit der Menschen

---

14 Gapski, Harald (2021): Künstliche Intelligenz (KI) und kritische Medienbildung, in: https://digid.jff.de/ki-expertisen/kuenstliche-intelligenz-und-kritische-medienbildung-harald-gapski/ vom 26.02.2024

bereits beginnt, wenn dieser Kompetenzbereich brach liegt und zu viel Zeit vor Bildschirmen verbracht wird. Oder wie es die Medienpädagogin Paula Bleckmann formuliert hat: „Medienmündig werden bedeutet zuallererst, nicht die Kontrolle über unsere kostbare Lebenszeit zu verlieren".[15] Plus ein ganzes Bündel von Kompetenzen wie Kritik-, Konzentrations- oder Produktionsfähigkeit.

Hinzu kommt: Bereits 2019 beschrieb der Deutsch-Didaktiker Philippe Wampfler, wie komplex sich Gapskis Forderungen in unserem Alltag auswirken sollten, noch völlig ohne „Sora".[16] Wampfler beschäftigte sich mit dem großen Unterschied, der bei der Rezeption zwischen Online- und Printinformationen besteht. Beiträge im Netz würden zu einer „nicht-linearen Lektüre" auffordern, „weil sie auf andere Texte im Netz bezogen sind". Das bedeutet: „Sie betten etwa Videos oder Beiträge aus sozialen Netzwerken ein oder verlinken Belege oder weiterführende Erklärungen."

Dann bringt der Didaktiker „addicitive design" ins Spiel: Websites wie Facebook sind so programmiert, dass sie einzelne Nutzer süchtig machen. Wampfler: „Die Vorstellung hinter ‚addictive design' ist, dass die Aufmerksamkeit von Menschen – und damit ihre Lese-

---

15 Bleckmann, Paula (2012): Medienmündig – wie unsere Kinder selbstbestimmt mit dem Bildschirm umgehen lernen, Klett-Cotta, Stuttgart, S. 14 und S. 34

16 Wampfler, Philippe (2019): Das Netz lesen – eine Anleitung für nicht-lineare Lektüre, in: Krommer, Axel u.a. (2019): Routenplaner #Digitale Bildung, ZLL21, Hamburg, S. 29–38

wege – durch Programme und digitale Umgebungen gesteuert werden." Für uns bedeutet das: Lesen findet im Internet unter verschärften Bedingungen statt, die Autonomie des Lesers ist ständig bedroht. Und vor fünf Jahren konnte der Schweizer Didaktiker noch nicht ahnen, wie KI diese Bedrohung verschärft.

Trotzdem legt Wampfler Optimismus an den Tag: „Lesen müsse im Netz ein emanzipatorischer Prozess sein." Nötig sei ein „Gegenprogramm": „Die Steuerung des Leseweges durch das lesende Subjekt." Dieser Gedanke ist sympathisch, verweist er doch auf das Ideal des mündigen Menschen, der selbstbestimmt sein Leben gestaltet.

Wie das im Internet gelingen kann, hat Wampfler in Form dieser Fähigkeiten beschrieben: Wissensmanagement betreiben, Fake News durchschauen, auf Websites den richtigen Ausstieg finden, Original-Quellen vielleicht in Englisch studieren, Suchmaschinen effektiv nutzen … und vieles mehr listet er auf. Daher erfordert „nicht-lineares Lesen" hohe Konzentration, Aufmerksamkeit, Durchhaltekraft und kritische Selbstreflexion! Nur so besteht die Chance, zu einem „emanzipatorischen Lesen" vorzustoßen, das sogar Attacken des „addictive design" abwehren könnte.

Damit wird deutlich: Das „nicht-lineare Lesen" bietet enorme Chancen, erfolgreich auf vielen Ebenen zu recherchieren. Diese Möglichkeiten nutzen Journalisten und Wissenschaftler seit Jahrzehnten; kein Profi der Recherche wünscht sich zurück ins Fax-Zeitalter. Aber

Wampflers Überlegungen zeigen ebenfalls, wie schwierig es ist, im Netz zu recherchieren – nämlich anspruchsvoll, fehleranfällig und übungsintensiv! Das stößt uns auf eine bedrohliche Aussage:

Wir sollten zwar immer wacher mit Medieninhalten umgehen, verlernen es aber immer mehr.

Unsere Medienmündigkeit ist tatsächlich in Gefahr, während die kognitiven Anforderungen vor Bildschirmen ständig steigen. Fake oder kein Fake? Manipulierte Daten oder seriöse Statistik? Politischer Wahnwitz oder akzeptable Provokation? Diese Fragen werden wie triviale Angelegenheiten wirken, wenn uns „Sora"-Videos bald völlig in die Irre schicken. Außerdem treibt die Lesekompetenz bereits messbar den Bach hinab, was wir im nächsten Kapitel schildern. Unsere Vermutung: Wer nicht gut liest, kann nicht gut schreiben – und freut sich in großer Naivität über ChatGPT. Auch wird sich ihm weniger die Sprache der Bilder erschließen, wodurch „Sora"-Fakes eine höhere Effizienz erzielen. Zumal Videos die Suggestivkraft von Texten weit übertreffen, besonders wenn eine rasante Schnittfolge gewählt wird und emotionalisierende Musik die Botschaft vielfach verstärkt.

Wie bereits heute die Lesekompetenz schwindet, hat das Projekt E-READ deutlich gemacht. Eine Entwicklung, die einer *schwächenden KI* Tür und Tor öffnet. Die an diesem Projekt beteiligten Wissenschaftler stellten eine „Verflachungshypothese" für unsere Denken auf. Warum? Das ist Thema im nächsten Kapitel.

4.

Denken verflacht

Schaden ohne KI

Das EU-Projekt E-READ schlug 2018 hohe Wellen. Die Forscher kamen aus ganz Europa, die Europäische Union (EU) finanzierte das wissenschaftliche Netzwerk. Ihr Projekt war eine europäische Forschungsinitiative: „Evolution of Reading in the Age of Digitisation (E-READ)“. Ihre Aufgabe war es herauszufinden, wie Leserinnen und Leser aller Altersgruppen Texte verstehen, und zwar in gedruckter oder digitaler Form. Am 3. und 4. Oktober 2018 trafen sich die Wissenschaftler in Stavanger (Norwegen), um die Ergebnisse der vierjährigen Forschung zu diskutieren. Dabei verabschiedeten 130 Wissenschaftler die „Erklärung von Stavanger“.

Als Basis der Erklärung wählten sie eine umfangreiche Studie,[17] die 54 Untersuchungen mit rund 170 000

---

17 Delgado, Pablo u. a. (2018): Don't throw away your printed books: A meta-analysis on the effects of reading media on reading comprehension, in: www.sciencedirect.com/science/article/pii/S1747938X18300101?via%3Dihub vom 21.06.2020

Probanden ausgewertet hat. Der eindrucksvolle Titel: „Werfen Sie ihre gedruckten Bücher nicht weg: eine Meta-Studie zu den Effekten von Medien auf das Leseverständnis". Meta-Studien haben in der Regel eine besonders hohe Qualität, da sie viele Untersuchungen statistisch auswerten, um Effekte sauber abzuleiten. Dazu zählten neuere Studien, um die Effekte auf das Leseverständnis zu untersuchen, abhängig vom jeweiligen Medium.

Ganz klar: Wir alle brauchen im Internet spezielle Fähigkeiten. Wir müssen Suchstrategien entwickeln, sicher durch Websites navigieren und Texte kritisch analysieren, wie es Wampfler dargestellt hat. Das erfordert hohe Aufmerksamkeit und Reflexionsfähigkeit, „die bei Kindern und Erwachsenen, die digitale Texte lesen, möglicherweise nicht voll entwickelt sind", wie die Wissenschaftler vorsichtig formulieren. In diesem Zusammenhang verwenden sie einen sperrigen Begriff: *„screen inferiority"*. Er lässt sich mit „Unterlegenheit des Bildschirms" übersetzen. Sie tritt ein, wenn das Lesen am Bildschirm in seiner Qualität dem Lesen auf Papier unterlegen ist. Doch die Wissenschaftler hatten zuvor erwartet, „dass die Vorteile des digitalen Lesens im Laufe der Jahre zunehmen", allerdings unter der Voraussetzung, dass der „bloße Kontakt mit digitalen Technologien" ausreicht, um diese Kompetenzen aufzubauen.

Das Gegenteil war der Fall: Die Fähigkeit, gut am Bildschirm zu lesen, hat abgenommen – die „screen inferiority" in den letzten 20 Jahren zugenommen!

Überrascht hat die Wissenschaftler, dass „es zwischen den Altersgruppen keine Unterschiede in den Medieneffekten gab." In der Studie ist zu lesen: „Die Daten deuten darauf hin, dass die ‚screen inferiority' in allen Altersgruppen eine große Herausforderung darstellt, die immer gravierender wird, je mehr sich digitale Technologie verbreitet."

Bei den Ursachen sind die Wissenschaftler vorsichtig: „Unsere Ergebnisse liefern keinen Grund für die anhaltende ‚screen inferiority', aber deutliche Hinweise, dass Menschen in einer digitalen Umgebung *mental flachere Verarbeitungsprozesse* aufweisen [Heraushebung durch Autor]". Je mehr wir also Technologie in unser Leben integrieren, desto schlechter kann unsere Aufmerksamkeit werden. „Ein tieferes Eintauchen in Texte wird zur Herausforderung", so die Wissenschaftler. Könnte es sein, dass eine „digitale Umgebung" die Neuroplastizität hemmt, ihre segensreichen Wirkungen zu entfalten? Wäre es denkbar, dass unsere kognitive Leistungsfähigkeit bereits gelitten hat – und Steiners „Spiegel" erste Schrammen aufweist? Dann wären Sprachmodelle wie ChatGPT ein weiterer Schritt – in eine noch düstere Zukunft. Kein Wunder, dass sich der dänische Bildungsminister bei seinen Schülern entschuldigt hat, weil sie „Versuchskaninchen in einem digitalen Experiment" gewesen seien.

Die stetige Digitalisierung ist verbunden mit Geschwindigkeit und Multitasking. „Das", so die Wissenschaftler, „führt zu einer Abnahme des Tiefenverständnisses in einer digitalen Umgebung." Tatsächlich stütze aktuelle Evidenz aus Schulen die Aussage, „dass die bloße Erfahrung mit digitaler Technologie das Verständnis der Schüler nicht verbessert, sondern schlechter werden lässt", heißt es weiter. Diese Sichtweise führt sie zu der Hypothese: „Die Überlegenheit des Lesens auf Papier gegenüber digitalen Medien wächst mit der Zeit."

Diese Beobachtung fassten die Wissenschaftler in ihrer „Verflachungshypothese" zusammen. („Shallowing Hypothesis"): Die meisten digitalen Medien lösen schnelle Interaktionen aus, angeheizt durch sofortige Belohnungen, etwa durch „Likes" bei einem Posting. Es könnte nun Nutzer geben, die digitale Geräte vor allem auf diese Weise nutzen – und so Schwierigkeiten entwickeln, sich anspruchsvolleren Tätigkeiten zu stellen. Etwa, wenn beim Lesen ein tieferes Verständnis nötig ist, was eine dauerhafte Aufmerksamkeit erfordert. Schlussfolgerung: „Je mehr Menschen digitale Medien für oberflächliche Interaktionen nutzen, desto weniger sind sie in der Lage, diese Technologie für anspruchsvolle Aufgaben einzusetzen", warnen die Wissenschaftler.

Das gilt besonders für Jugendliche. Über diese Gruppe berichtete das E-READ-Projekt: Es bestehe ein negativer Zusammenhang (Korrelation) zwischen der Nutzungshäufigkeit digitaler Medien und dem Textverständnis. Das bedeutet: Je häufiger Jugendliche digitale Medien genutzt haben, desto schlechter haben sie Texte verstanden. „Das legt nahe", so die Wissenschaftler, „bei der Einführung des digitalen Lesens im Klassenzimmer vorsichtig zu sein."

Und das bereits viel früher, nämlich im Vorschulalter: Ulf Schönert berichtet im Frühjahr 2024 auf *Zeit online*, was eine amerikanische Studie aus Ohio herausgefunden hat: Die Wissenschaftler untersuchten, wie sich der Konsum elektronischer Medien auswirkt, und zwar bei 47 Kindern im Alter von drei bis fünf Jahren. Dabei wurden auch MRT-Bilder gemacht. Ergebnis: Wer viel Zeit vor Bildschirmen saß, wies ein kleineres Volumen an weißer Substanz im Gehirn auf. Auch gab es schlechtere Resultate bei kognitiven Tests, und es zeigten sich Defizite in der Sprachentwicklung.[18]

Das sind deutliche Hinweise auf neurobiologische Wirkungen, die mit dem frühen Konsum digitaler Medien verbunden sind. So kann Steiners „Spiegel" bereits angekratzt sein, bevor eine KI kognitive Leistungen ersetzt und weitere Kratzer verursacht. Starten wir bereits vorgeschädigt in das KI-Zeitalter?

18 Schönert, Ulf (2024): Handy weg von meinem Kind!, in: www.zeit.de/2024/10/bildschirmzeit-kinder-jugendliche-gesundheit-studien vom 02.03.2024

Mehr Schaden durch KI

Was vor Jahren als „Technikfeindlichkeit“ oder „Kulturpessimismus“ diskreditiert wurde, findet heute einen tieferen Eingang in den Diskurs um die Folgen der Digitalisierung. Dabei handelt es sich um die Wechselwirkungen zwischen Menschen und Maschinen, wie sie bereits Manfred Spitzer in seinem Buch *Digitale Demenz* angesprochen hat – vor zwölf Jahren! Der Psychiater beschrieb grundsätzlich die Wege, wie digitale Medien Menschen schädigen, ohne damals überhaupt auf KI-Systeme einzugehen.

Was passiert aber, wenn solche Phänomene kognitiver Verflachung den Boden bereiten sollten, auf dem „Sora“ und Co. noch besser gedeihen? Wie soll es dem Menschen gelingen, die „fundamentalen Fragen seiner Identität, Souveränität und Freiheit“ (Gapski) zu beantworten, angesichts des KI-Ansturms? Wie soll er in der Lage sein, diese Werte gegen völlig neuartige Manipulationen zu verteidigen? Natürlich war es bisher auch nicht sinnvoll, allen Bildern im Fernsehen und auf YouTube zu trauen, aber „Sora“ stellt alles in den Schatten, was früher an Täuschungen möglich gewesen ist. Daher ist zu befürchten, dass uns Gapskis Forderungen in eine gewaltige Überforderung treiben – und das angesichts der Tatsache, dass ja laut E-READ-Studie bereits unsere Lesefähigkeit am Bildschirm stark abgenommen hat.

Diese schwindende Lesefähigkeit ist auch deshalb ein Alarmsignal, weil sie sich bereits messen lässt. Wer kein tieferes Verständnis von Texten entwickelt, wird leicht an der Oberfläche geblendet und in die Irre geführt. Das sind die besten Voraussetzungen für „Sora"-Fakes aller Art, die sich zum Beispiel flüchtig auf *TikTok* konsumieren lassen. So ergibt sich ein doppelter Ansturm auf das menschliche Bewusstsein: Der langjährige Bildschirm-Kontakt untergräbt bereits eine gesunde Neuroplastizität; Lernprozesse verflachen, und am Ende verschwinden die letzten Reste einer Kritikfähigkeit, die sich eigentlich in der Auseinandersetzung mit medialen Inhalten aufbauen sollte.

Dazu kommt die wachsende Unsicherheit: Wie echt sind die Bilder, die uns auf dem Handy begegnen? So geht Vertrauen verloren, was auch die Demokratie und ihre Institutionen treffen würde. Die Parole „Lügenpresse" wird noch mehr zu hören sein ... Und Resignation macht sich breit: Wir fangen an, brav alles zu glauben, was uns Bildschirme präsentieren, oder nichts mehr zu glauben, was auf Bildschirmen erscheint.

Das einfache Motto „Use it, or lose it" brachte uns die Einsicht: Als Menschen sind wir aufgerufen, stets unseren „Spiegel" (Rudolf Steiner) zu polieren, in dem das Ich und unser Seelenleben wahrnehmbar sind. Jetzt kann es sein, dass Menschen diese Arbeit vernachlässigen oder daran gehindert werden, etwa durch zu viel Bildschirmarbeit oder den Umgang mit einer *„schwächenden KI"*. Der „Spiegel" trübt sich ein, die Neuroplastizität erlahmt, und Verbindungen im Gehirn schwinden. Das werden die Wissenschaftler im E-READ-Projekt mit ihrer „Verflachungshypothese" gemeint haben.

Auf diese Weise könnten sich nicht allein die kognitiven Fähigkeiten der Menschen reduzieren. Es könnte auch die Konsequenz drohen, dass ganz grundlegend die innere Entwicklung zu einem starken Ich leidet. Der Grund: Um die Tiefenströmungen von Sympathie und Antipathie besser zu lenken, bedarf es der Selbstbeobachtung und der Selbstreflexion, die auch vor den dunklen Ecken der eigenen Seele nicht Halt machen. Dafür sind aber viele gut ausgebaute neuronale Bahnen im Gehirn notwendig, ein Ergebnis der Neuroplastizität, die daran ein ganzes Leben arbeitet. So bleibt auch unser „Spiegel" klar und sauber – und die Entwicklung des Ichs kann sich besser vollziehen, weil weniger Störfaktoren auftreten.

Und darauf kommt es in unseren Augen an: Einige KI-Anwendungen könnten ein sehr negatives Potenzial aufweisen, weshalb wir auch den Begriff einer „schwächenden KI" eingeführt haben. Für uns lautet die entscheidende Frage: Wann beginnt KI kognitive Fähigkeiten des Menschen abzubauen? Wie substituiert sie eventuell Funktionen im Gehirn und menschliche Fähigkeiten, die neuroplastische Prozesse eigentlich stärken sollten? Was passiert, wenn das Training der Gehirnzellen abnimmt – und dadurch der „Spiegel" der Seele verschmutzt, weil die Neuroplastizität nicht mehr ihrer segenreichen Arbeit nachgeht?

Schlimm genug sind die Konsequenzen aus möglichen „Sora“-Fakes, doch die Folgen der „schwächenden KI“ lassen sich noch auf einem anderen Feld vermuten, nämlich Sprachmodellen wie ChatGPT. Lese- und Bildverständnis sind schon bedroht. Jetzt tritt ein weiteres Risiko neben die möglichen Verluste dieser Fähigkeiten: Wären ähnliche Prozesse nicht bei der Kompetenz des selbstständigen Schreibens zu befürchten? Wenn wir diese geistige Tätigkeit an Computer delegieren? Eine besonders brisante Frage in allen Bildungsprozessen, von der Grundschule bis zur Universität. Das wollen wir in den nächsten Kapiteln erörtern. Dabei werden wir schnell merken: Was das Navi mit unserer Fähigkeit des Kartenlesens angerichtet hat, ist ein Klacks gegenüber den tiefen Furchen, die ChatGPT durch unser Bewusstsein pflügen könnte.

5.

Sprache simuliert

Halluzinationen einer KI

Ein Vater steht an der Zimmertüre und hört, wie sein Sohn mit einem Laptop redet: „Hallo KI. Warum muss ich Schreiben und Lesen lernen, wenn ich dir alles diktieren und du mir alles vorlesen kannst?" Unter der Zeichnung stehen nur zwei Worte: „Pädagogische Schrecksekunden". Wer diese Karikatur der *Frankfurter Rundschau* nicht versteht, ist in guter Gesellschaft. Bis zum Herbst 2022 kannte niemand das Kürzel ChatGPT. Dann breitete es sich rasend-schnell über den Planeten aus …

Worum geht's? Das erklärt Judith Simon, Professorin für Ethik in der Informationstechnologie:[19] Wie Suchmaschinen greift ChatGPT auf Informationen aus dem gesamten Netz zu, etwa aus Online-Foren oder sozialen

---

19 Berins, Lisa (2023): Judith Simon über Chatbots: ChatGPT versteht nicht, es simuliert nur Sprache, in: www.fr.de/kultur/gesellschaft/judith-simon-ueber-chatbots-chatgpt-versteht-nicht-es-simuliert-nur-sprache-92060094.html vom 28.02.2024

Netzwerken. „Diese großen Sprachmodelle“, so Simon, „erkennen im Grunde genommen Muster in all diesen Daten, mit denen sie gefüttert worden.“ Es geht um „Wahrscheinlichkeiten von Wortkombinationen“, aber auch um die Charakteristika bestimmter Textsorten wie Krimis, Zeitungsartikel oder wissenschaftliche Arbeiten.

Wer dem System eine Anweisung („Prompt“) eingibt, legt fest, welcher Inhalt in welchem Stil zu schreiben ist. So werden „neue Texte basierend auf diesen zuvor erlernten Mustern produziert“, erklärt die Expertin. Erstaunlich ist an ChatGPT, dass die Texte täuschend echt erscheinen, sprachlich und formal auf einem ähnlichen Täuschungsniveau wie die „Sora“-Videos. Doch Simon stellt klar: „ChatGPT denkt nicht, es versteht nicht, es simuliert nur Sprache.“ Ob ein Text von einem Menschen oder einer Maschine stammt, sage nichts aus „über die (Denk-)Kompetenz der Maschine, sondern nur über die Kompetenz des Menschen, zwischen beidem zu unterscheiden.“

Und dieses Unterscheidungsvermögen schwindet, wenn wir an die erschreckenden Ergebnisse der E-READ-Studie denken. Sie hatte zum Lesen am Bildschirm eine starke Aussage gemacht – die „Verflachungshypothese“. Sie betrifft ebenfalls kognitive Fähigkeiten, um menschliche Texte von Maschinen-Text zu unterscheiden. Das gelingt immer schwerer, je perfekter ChatGPT formuliert. Ihre Texte scheinen aus der Feder eines Menschen zu kommen: flüssiger Stil, saubere Grammatik, gute Wortwahl.

Es sei denn, die KI begibt sich ins Reich der *Halluzinationen*. Ja, so heißt das wirklich! Der Autor dieser Zeilen hat das im Selbstversuch getestet. Er gab mit einem Prompt eine kurze Biografie von „Ingo Leipner" in Auftrag – und variierte diese Aufgabe in unterschiedlichen Formulierungen. Das Ergebnis: ChatGPT halluzinierte ohne Grenzen! Zuerst nannte das System ein falsches Geburtsdatum und einen falschen Geburtsort („Er wurde am 15. März 1969 in Frankfurt am Main geboren.") Dann „dachte" sie sich falsche Studienfächer aus („Germanistik und Politikwissenschaften"), und die heftigste Halluzination befiel die KI, als sie über Inhalte schrieb, die angeblich aus dem (tatsächlich existierenden) Buch *Die Katastrophe der digitalen Bildung* stammten.

Die KI legte dem Autor Aussagen in den Mund, die im Buch nirgendwo zu lesen sind („Er bemängelt auch, dass viele Lehrer nicht ausreichend auf den Einsatz digitaler Medien im Unterricht vorbereitet sind und dass die Bildungspolitik oft den Anschluss an die Entwicklungen in anderen Ländern verpasst"). Reine Phantastik aus Bits und Bytes, im Buch wird sogar das Gegenteil als Chance diskutiert.

Bemerkenswert dabei: Das Stichwort „Digitale Bildung" hat sofort Assoziationen bei der KI aufgerufen, die alle aus den Marketing-Küchen der IT-Industrie kommen könnten. Zeigt sich da eine Verzerrung (Bias), die durch einseitige Programmierung entsteht? Wir wissen es nicht. Aber die meisten Sprach-KIs sind Black-

Box-Systeme, in die niemand hineinschauen kann. Zumal die Funktionsweise ihrer neuronalen Netze auch für Experten schwer zu verstehen ist.

Dem Phänomen solcher „KI-Halluzinationen“ geht Ben Lutkevich nach, wenn er über „Large Language Modells“ (LLM) wie ChatGPT schreibt:[20]

> „Halluzinationen erscheinen oft plausibel, da LLMs darauf ausgelegt sind, flüssige, kohärente Texte zu produzieren. Sie treten auf, weil LLMs kein Verständnis für die zugrundeliegende Realität haben, die die Sprache beschreibt. LLMs verwenden Statistiken, um Sprache zu erzeugen, die im Kontext der Eingabeaufforderung grammatikalisch und semantisch korrekt ist.“

Die oben genannten Falschaussagen nennt Lutkevich einen „faktischen Widerspruch“. Das sei der Fall, „wenn eine fiktive Information als Tatsache dargestellt wird.“ Es können auch Widersprüche zum Prompt auftreten; zufällige und irrelevante Aussagen sind möglich, oder es entstehen Unstimmigkeiten in der Satz-Logik. Das fällt ziemlich schnell ins Auge, aber fiktive Informationen statt Tatsachen? Wer nicht seine eigene Biografie in Auftrag gibt, ist kaum in der Lage, bei einem komplexen

20 Lutkevich, Ben (o. J.): KI-Halluzination, in: www.computerweekly.com/de/definition/KI-Halluzination#:~:text=Wenn%20die%20Eingabeaufforderung%20unklar%2C%20inkonsistent,beim%20Eingabekontext%20nicht%20der%20Fall vom 29.02.2024

Sachverhalt zu prüfen, ob ChatGPT „faktische Widersprüche" produziert. Lutkevich: „Halluzinationen können aufgrund ihrer Fähigkeit, Menschen zu täuschen, gefährlich sein. Sie können versehentlich Fehlinformationen verbreiten, Zitate und Referenzen fälschen und sogar als Waffe bei Cyberangriffen eingesetzt werden."

Prompt: „Christengemeinschaft"

ChatGPT halluziniert beim Stichwort „Christengemeinschaft". Sie wurde 1922 unter Mitwirkung Rudolf Steiners als Bewegung für religiöse Erneuerung gegründet. Bei ChatGPT liest sich das so: „Die Christengemeinschaft ist eine internationale christliche Gemeinschaft, die sich dem Glauben an Jesus Christus verschrieben hat und in vielen Ländern der Welt präsent ist. Sie wurde im Jahr 1882 von Pastor Friedrich von Bodelschwingh gegründet."

Auch wenn diese offensichtlichen Gefahren bestehen, bleibt die Euphorie um Sprachmodelle oft ungetrübt, besonders in der Wirtschaft. Da werden neue Geschäftsmodelle gewittert, Rationalisierungseffekte kalkuliert – und das alles ist mit dem Zuckerguss menschlicher Freiheit überzogen. Etwa im Marketing-Fachblatt *Horizont*: „Die KI wird breiter, tiefer und schneller Wissen sowie passende Daten und Inhalte zusammensuchen können als jeder menschliche Akteur. Beeindruckend!". Damit würden „mehr Zeit und Raum für Denkarbeit und eigene Recherche" bleiben. Auch der „Formulierungskunst" könnte ChatGPT auf die Sprünge helfen.[21]

Und die Konkurrenz war ebenfalls wach. Zuerst brachte Google 2023 *Bard* heraus. Motto: „Produktivität und Kreativität steigern". Später folgte die KI *Gemini*. Im Google-Blog schreibt Jack Krawczyk von einem „KI-Experiment in der Anfangsphase".[22] Es mache die Interaktion mit generativer KI möglich, „um euch dabei zu helfen, mit Neugier Neues zu erkunden, eure Vorstellungskraft zu erweitern und schließlich eure Ideen zum Leben zu erwecken – nicht einfach nur, indem wir eure Fragen beantworten, sondern indem wir euch helfen, sie weiterzudenken." – Welch ein Versprechen in der Eigenwerbung von Google!

Das waren zwei Perspektiven aus der Sicht des Marketings und der KI-Entwicklung. Sie zeichnen sich durch einen gemeinsamen Nenner aus: die Verheißung, Sprachmodelle wie ChatGPT und Gemini würden uns von nötiger, aber mühsamer Arbeit entlasten und auf diese Weise neue Räume der Kreativität aufstoßen. Das

---

21 Ansorge, Katrin / Pimpl, Roland (2023): Wie Künstliche Intelligenz Journalismus, Kreation und Vermarktung beeinflusst, in: www.horizont.net/medien/nachrichten/chat-gpt-wie-kuenstliche-intelligenz-journalismus-kreation-und-vermarktung-beeinflusst-205732 vom 03.02.2024

22 Krawczyk, Jack (2023): Produktivität und Kreativität steigern: Bard jetzt auch in Deutschland verfügbar, in: https://blog.google/intl/de-de/unternehmen/technologie/bard-deutschland-verfuegbarkeit-ki/ vom 03.03.2024

ist ein Versprechen, das seit dem Beginn der Digitalisierung durch die Welt geistert. Eigentlich ein Mythos, den auch schon Sascha Lobo und Holm Friebe pflegten, als sie vor fast 20 Jahren ihr Manifest *Wir nennen es Arbeit* veröffentlichten:[23]

> „Die digitale Boheme, das sind Menschen, die sich entschlossen haben, ein selbstbestimmtes Leben zu führen, die Segnungen der Technologie herzlich umarmen und die neuen Kommunikationstechnologien dazu nutzen, ihre Handlungsspielräume zu erweitern."

Lobo und Helm geht es um erweiterte „Handlungsspielräume", doch letztlich erstrahlt im Hintergrund dieser ganzen Aussagen ein utopisches Freiheitsversprechen. Es wird die Möglichkeit in Aussicht gestellt, ohne Routine und Langeweile ein Arbeitsleben zu gestalten, in dem jeder Mensch seine Erfüllung findet. Und die Wirklichkeit? Was passiert tatsächlich an Millionen digitalisierten Arbeitsplätzen?

---

23 Lobo, Sascha / Friebe Holm (2006): Wir nennen es Arbeit, zitiert nach Matheis, Katharina (2017): Fünf Mythen der modernen Arbeitswelt, in: www.wiwo.de/erfolg/beruf/arbeitsmarkt-fuenf-mythen-der-modernen-arbeitswelt/20330006.html vom 03.03.2024

Nichts ist einfach: Wie die Sozialwissenschaftlerin Dr. Elke Ahlers festhält, gibt es keine „monokausale Begründung“, warum viele Beschäftigte bei der Arbeit unter psychischen Belastungen leiden. Doch die Digitalisierung spielt eine große Rolle, so Ahlers:[24]

> „Der technische Fortschritt mitsamt den neuen Informations- und Kommunikationstechnologien bringt eine enorme Beschleunigung in der Arbeitswelt mit sich. Zeitliche Fristen, innerhalb derer Arbeitsprozesse vollzogen werden sollen, haben sich ständig verkürzt. Die zu verarbeitende Informationsmenge und die Komplexität in der Arbeit nehmen in vielen Bereichen der Arbeitswelt zu.“

Sicher, es gibt auch positive Aspekte der Digitalität wie Flexibilität, Autonomie und Unabhängigkeit. Doch Arnd Schaff stellte schon 2018 fest: „Über mehr als ein Jahrzehnt hinweg ist ein starker Anstieg der psychischen Belastungen zu beobachten, die ihren Niederschlag in drastisch ansteigenden Fallzahlen, Krankmeldungen

---

24 Ahlers, Elke (2015): Leistungsdruck, Arbeitsverdichtung und die (ungenutzte) Rolle von Gefährdungsbeurteilungen, in: www.researchgate.net/profile/Elke-Ahlers/publication/323479050_Leistungsdruck_Arbeitsverdichtung_und_die_ungenutzte_Rolle_von_Gefahrdungsbeurteilungen/links/6034ba09a6fdcc37a84687ae/Leistungsdruck-Arbeitsverdichtung-und-die-ungenutzte-Rolle-von-Gefaehrdungsbeurteilungen.pdf vom 05.03.2024

und Frühverrentungen findet."[25] Zu diesem Trend komme „Arbeit 4.0" hinzu, „und es steht zu befürchten, dass sich diese Entwicklung weiter verschärft", so der Wissenschaftler. Mit „Arbeit 4.0" meint er genau die digitale Umgebung, in der künftig KI eine wesentliche Rolle spielen soll. Schaff befürchtet „kritische Beanspruchungen": „Chronische Überforderung, psychische Ermüdung, Stress, Angst, Vereinsamung und Sinnverlust."

Eine Statistik hatte Schaff dabei wahrscheinlich besonders im Auge, die Zahl der AU-Tage. Die Abkürzung AU steht dabei für „Arbeitsunfähigkeit". AU-Tage sind eine gute Maßzahl, um die Bedeutung von Krankheiten einzuschätzen. Dazu hat die Techniker Krankenkasse (TK) ihren *Gesundheitsreport 2021 – Arbeitsunfähigkeiten* veröffentlicht.[26] Die TK bildet eine Zeitreihe von 2000 bis 2020 ab, wodurch Sondereinflüsse der Corona-Pandemie (noch) nicht stark in Erscheinung treten. Dabei rückt eine Krankheitsgruppe in den Fokus: „Psychische und Verhaltensstörungen". Nüchtern stellt die TK fest: „Im Vergleich zum Jahr 2000 lagen die Fehlzeiten unter der Diagnose von psychischen Störungen bei Berufstätigen 2020 109 Prozent höher." Während es bei den anderen Krankheitsgruppen nur zu einem

25 Schaff, Arnd (2018): Arbeit 4.0: Risiken für die psychische Gesundheit, in: https://link.springer.com/chapter/10.1007/978-3-658-23397-6_17#chapter-info vom 03.03.2024

26 TKK (2021): Gesundheitsreport 2021 – Arbeitsunfähigkeiten, in: www.tk.de/resource/blob/2103660/ffbe9e82aa11e0d79d9d6d6d88f71934/gesundheitsreport-au-2021-data.pdf vom 01.08.2022

Anstieg von höchstens zehn Prozent kam, hat sich die Zahl psychischer Erkrankungen bis 2020 mehr als verdoppelt. In absoluten Zahlen: Für 2000 hielt die TK 129 AU-Tage je 100 Versicherungsjahre fest, 2020 waren es 268 AU-Tage.[27]

Diese Fakten sprechen für sich, denn die Realität sieht so aus: Sobald ein IT-System Arbeit übernimmt und den Mitarbeiter entlastet, entsteht ein ökonomisch inakzeptabler Leerlauf. Der Mitarbeiter hätte jetzt zwar mehr Zeit, gründlicher an einer anderen Aufgabe zu arbeiten ... aber: Diesen Job hat der Mitarbeiter auch schon vorher bewältigt. Also: Eine weitere Aufgabe muss her, um die kontinuierliche Ausbeutung der Arbeitskraft zu sichern. Auf dem Papier steigt so die Produktivität des Mitarbeiters, weil er in derselben Zeit immer mehr leistet. Grandios für die Aktionäre!

Ahlers verweist dabei auf Ergebnisse aus Umfragen: Termin- und Leistungsdruck erlebten rund 50 Prozent aller Mitarbeiter „praktisch immer oder häufiger" am Arbeitsplatz. 58 Prozent müssen „häufig mehrere Arbeitsvorgänge gleichzeitig im Blick haben." 52 Prozent sind gezwungen, „häufig oder sehr häufig gehetzt zu arbeiten". 63 Prozent merken, dass sie „seit Jahren im-

27 Definition AU-Tage je 100 Versicherungsjahre: „Durchschnittliche Zahl der gemeldeten AU-Tage beziehungsweise Dauer der Arbeitsfehlzeiten innerhalb eines Versicherungsjahres; entspricht sinngemäß der durchschnittlichen Zahl von Fehltagen einer durchgängig versicherten Erwerbsperson innerhalb eines Jahres." Quelle: Techniker Krankenkasse (o. J.): Gesundheitsreport – Methodische Hinweise und Ergänzungen, S. 3

mer mehr in der gleichen Zeit zu leisten haben". Dieses Phänomen heißt in der Forschung: *Arbeitsverdichtung*! Kein Wunder, dass sich die AU-Tage durch psychische Störungen seit dem Jahr 2000 mehr als verdoppelt haben.

Stellt sich angesichts dieser Statistiken eine entscheidende Frage: Schwelgen die KI-Fans nur in einem naiven Optimismus und reiner Fortschrittsgläubigkeit? Oder: Verbirgt sich hinter diesen Worten eine geschickte Marketing-Strategie, um die Schattenseiten der KI-Technologie hinter glänzenden Fassaden verschwinden zu lassen? Der Grund könnte in der Macht der KI-Ökonomie liegen. *Statista market insights* schätzt den globalen Markt für Künstliche Intelligenz 2024 auf 280 Milliarden Euro – und für 2030 auf 678 Milliarden Euro.[28] So herrscht gerade Goldgräber-Stimmung und KI-Startups übertreffen sich fast täglich mit Erfolgsmeldungen. Vielleicht ist „Sora" schon digitaler Schnee von gestern, wenn Sie diese Zeilen lesen …

Kurzum: Egal ob Atomenergie, Digitale Bildung oder KI-Technologie. Wenn große Profite locken, fallen alle Hemmungen. Und: Die Wirklichkeit wird dafür so lange verzerrt, bis sich die Balken biegen. Gerade die Geschichte der Digitalisierung ist eine Geschichte der gebrochenen Versprechen, etwa wenn Facebook immer noch behauptet, Menschen vernetzen zu wollen. Tat-

28 Statista market insights (2023): Künstliche Intelligenz weltweit – Marktgröße, in: https://de.statista.com/outlook/tmo/kuenstliche-intelligenz/weltweit#marktgroesse vom 05.03.2024

sächlich fährt Zuckerbergs Konzern Milliardengewinne ein, indem er systematisch Menschen in die Online-Sucht stürzt. So öffnen sich immer wieder tiefe Gräben zwischen Lebenswirklichkeit und Marketing-Getöse. Das könnte auch für das „next big thing“ gelten – die Künstliche Intelligenz. Ja, sie wirkt disruptiv und stellt unser Leben auf den Kopf, denken wir nur an die perfekten Fake-Videos von „Sora“. Ja, es wird auch Gewinner geben – aber Disruption steht auch für Zerstörung und Untergang.

Beim Einsatz der KI stellt sich die Frage, wie sehr die Menschenwürde ins Visier gerät, etwa durch eine damit steigende Arbeitsverdichtung. Zumindest sagt das deutlich die EU-Menschenrechtskommissarin der EU, Dunja Mijatovic: „Leider werden die Menschenrechte im Bereich der Künstlichen Intelligenz häufig außer Acht gelassen. Aber wir können Menschenrechtsfragen nicht einfach unter den Teppich kehren, nur weil es um wirtschaftliche Interessen und den technischen Fortschritt von KI geht. […] Wir müssen dafür sorgen, dass KI unsere Welt besser macht, nicht schlechter.“[29]

Bisher haben wir nur erste Aspekte digitaler Sprachmodelle diskutiert: Halluzinationen, falsche Versprechen und eine digitale Arbeitswelt, deren Gefahren sich wohl nicht wesentlich durch KI-Technologie ändern. Im nächsten Kapitel bohren wir tiefer: Wie wirkt sich künst-

---

29 Schulz, Sven Christian (2024): Staaten sollen dem Recht auf Asyl Priorität einräumen, in: Frankfurter Rundschau, Nr. 56, 06.03.2024, S. 4

liche Intelligenz auf den menschlichen Geist aus, wenn wir das Schreiben und in Teilen auch das Denken stärker an ChatGPT delegieren?

6.

Schreiben verlernt

Illusion der Freiheit

Das Marketing suggeriert die „große Freiheit", wenn Unternehmen KI-Anwendungen am Arbeitsplatz einsetzen. Diese Illusion könnte auch durch den Bereich der Bildung geistern. Begleiten wir daher eine weitere Autorin auf ihrem (Holz)weg der KI-Nutzung, zumal Isabella Buck als Sprachwissenschaftlerin und Schreibdidaktikerin arbeitet.[30] Sie ist zwar überzeugt, dass Schreiben eine Kulturtechnik sei, die ihren Stellenwert auch im KI-Zeitalter nicht einbüßen darf, „wenn wir den Wert unserer demokratischen Gesellschaft erhalten wollen." Vor diesem Hintergrund stellt sie zu KI-Tools fest: „Damit die technische Hilfestellung jedoch adäquat genutzt werden kann, muss die höchste Stufe der Entwicklung von Schreibkompetenz erst einmal unabhängig von KI-Tools grundlegend ausgebildet werden."

30 Buck, Isabell (2023): Schreibkompetenz und KI-Schreibtools: (K)ein Schreckgespenst?!, in: https://kits.blog/schreibkompetenz-und-ki-schreibtools-kein-schreckgespenst/ vom 03.02.2024

Die letzte Aussage wirft erste Fragen auf: Wie lässt sich eine hohe Schreibkompetenz entwickeln, wenn doch ChatGPT nur wenige Klicks entfernt ist? Warum den leeren Bildschirm anstarren und die eigene Frustration ertragen, wenn es so bequem ist, eine schnelle Abkürzung hin zum Text zu finden? Sollte der Zugang zu Sprachmodellen bis zum 18. Lebensjahr gesperrt bleiben, damit junge Menschen das Schreiben lernen, ganz ohne ChatGPT? Das wird wohl kaum gelingen …

Dann bringt Buck ein Phänomen ins Spiel, das so alt ist wie die Schrift: „cognitive offloading". Diese „geistige Entlastung" findet schon statt, wenn wir uns in einem Vortrag Notizen machen – und uns daher nicht alle Inhalte merken müssen. Prima Sache! Doch über ChatGPT und Co. schreibt die Sprachwissenschaftlerin: KI-Schreibtools könnten langfristig einfachere kognitive Aufgaben übernehmen. „Schreibende würden also im Sinne des cognitive offloading mehr Ressourcen für die Beschäftigung mit wichtigeren Textmerkmalen haben". Das erinnert nicht zufällig an die „erweiterten Handlungsspielräume", die Sascha Lobo schon 2006 für die virtuelle Welt postulierte.

Doch Buck verweist in diesem Zusammenhang auf einen Gegensatz, der in der Schreibdidaktik „höhere" („higher") und „niedrigere" („lower") Fähigkeiten benennt:

- „higher order concerns" (HOC): Textstruktur, Kohärenz oder Adressatenorientierung.

- „lower order concerns" (LOC): Rechtschreibung, Zeichensetzung oder Formalia.

Diese Unterscheidung führt die Sprachwissenschaftlerin zu einer spannenden Aussage: „Orthografie, Interpunktion und Grammatik müssen folglich nicht mehr perfekt beherrscht werden, um Texte von hoher Qualität zu verfassen. Den ‚Feinschliff' in diesem Bereich kann man getrost einer KI überlassen."

Das wirft die nächste Frage auf: Qualitativ hochwertige Texte sollen entstehen, ohne dass Schüler Orthographie, Interpunktion und Grammatik gut beherrschen? Das klingt wie ein Widerspruch in sich selbst – und wie eine Bankrotterklärung jeder Schreibdidaktik. Aber Isabella Buck zieht eine interessante Schlussfolgerung – bei Lehrkräften würden so Ressourcen frei: „Sie brauchen keinen Rotstift mehr anzusetzen, um jeden Fehler in diesem Bereich anzumerken und haben folglich mehr Zeit, sich auf die wichtigeren Punkte eines Textes zu fokussieren. Dies bietet eine große Chance, Lernenden mehr echtes, entwicklungsorientiertes Feedback auf ihre Texte zu geben, das nachhaltiges Lernen ermöglicht."

Soweit die Überlegungen dieser Sprachwissenschaftlerin, die uns sehr nachdenklich machen: Wieder ist das Lied der Befreiung zu hören, dieses Mal werden Rotstift und Korrekturen der Lehrer überflüssig. Schüler könnten sich jetzt mit „wichtigeren Textmerkmalen" beschäftigen, dank „cognitive offloading". Keine Belastung mehr durch Grammatik, Orthografie und Interpunktion …

Vielleicht lassen sich auch lästige Gliederungen an eine KI auslagern? Es kostet nämlich viel Zeit und Gedankenarbeit, zunächst eine Übersicht über ein Thema zu gewinnen, die Struktur einer Arbeit zu entwerfen und die richtigen Schwerpunkte zu setzen. KIs zeigen eine bequeme Abkürzung auf: Ein Prompt bei ChatGPT, plus ein paar Nachfragen – und schon liegt die Gliederung einer schriftlichen Arbeit vor, inklusive erster KI-Inspirationen für den Inhalt.

Geschickte Prompts lotsen dann Kapitel für Kapitel durch die Arbeit, bis nur noch der Name des Prüflings auf dem Deckblatt authentisch ist. Das gelingt alles auch bei einer Jahresarbeit in der Oberstufe – und würde kaum auffallen. Genauso ließe sich eine Hausarbeit an der Universität schreiben. Wobei – deren Zeit läuft sicher im KI-Zeitalter bald ab. ChatGPT hat längst in Hochschulen Einzug gehalten, wo deshalb schnell völlig neue Prüfungsformate gefragt sind.

Nehmen wir eine neue Perspektive ein: Wie lässt sich so ein fragwürdiger KI-Einsatz beurteilen, und zwar aus Sicht eines handlungsorientierten Ansatzes? Der Erziehungswissenschaftler Jost Schieren schreibt: „Das Subjekt bestimmt sich selbst in seinem Handeln auf Grundlage der erworbenen Einsichten.“[31] Das Zauberwort

31 Schieren, Jost (2012): RoSE – Research on Steiner Education, Vol. 3 No. 1, in: www.rosejourn.com vom 06.03.2024

heißt hier „Handeln“; Schieren ist Professor für Schulpädagogik mit Schwerpunkt Waldorfpädagogik, und zwar an der Alanus Hochschule, Alfter bei Bonn.

Dem Pädagogen ist ein ganzheitliches Lernen wichtig. Es führe zu einer „Weltteilhabe“, die er als „Partizipation an den Gesetzmäßigkeiten der Welt“ charakterisiert. „Die Waldorfpädagogik setzt dieses Lernverständnis didaktisch durch eine dezidierte Erfahrungs- und Handlungsorientierung des Lernprozesses um.“ Was zunächst abstrakt klingt, bedeutet in der Praxis: „Handwerkliche, künstlerische und betriebliche Projekte werden systematisch in den Schulalltag integriert“, so Schieren. „Auch eher kognitiv-abstrakt verortete Fächer wie z. B. Mathematik werden anschaulich und handlungsorientiert methodisch-didaktisch entwickelt.“ Das gilt natürlich ebenso für Jahresarbeiten, die Schüler in der Oberstufe der Waldorfschule verfassen.

Handlungsorientierung bedeutet: Lernen kann nur erfolgreich sein, „wenn der Mensch möglichst aktiv daran beteiligt ist“, so Schieren. Daher sei Lernen kein „rezeptives, passives Aufnehmen von Stoff“, wie es das Bild vom „Nürnberger Trichter“ nahelegt. Nein, es handelt sich um einen „aktiven, personalen und auch emotionalen Prozess.“ Damit haben wir genug Kriterien gesammelt, um die KI-Gliederung ins richtige Licht zu rücken. Nicht in strahlenden Sonnenschein, eher ins Zwielicht der beginnenden Nacht. Die Prompts sind eine Scheintätigkeit, verglichen mit der Anstrengung, ein Themengebiet durch eigene geistige Arbeit einzugrenzen, zu gliedern und dabei gute Schwerpunkte zu setzen. Schüler könnten in einer digitalen Umgebung höchstens lernen, wie geschickte Prompts zu schreiben sind, um bei ChatGPT immer bessere Ergebnisse zu erzielen. Das neue Fach könnte „Promptologie" heißen … was für ein Holzweg!

Die KI liefert uns fertige Ergebnisse, die zwar zu verbessern sind, uns aber in die Rolle eines Pseudo-Lektors versetzen. Denn: Kaum ein Gedanke entspringt mehr unserem eigenen Denken. Auf diese Weise dominieren *Resultate*, und der eigentliche *Prozess* bleibt unsichtbar hinter der KI-Fassade. Vor allem ist es nicht unser eigener Prozess; der Promptologe agiert nicht „aktiv": Eine Entfremdung von der eigentlichen Arbeit setzt ein, wodurch der „personale und emotionale Prozess" (Schieren) austrocknet. Auch die Neuroplastizität droht hier langfristig auf der Strecke zu bleiben.

Hinzu kommt: Schnell löst sich die Hoffnung in Luft auf, durch „cognitive offloading" mehr Freiheit zu erringen, wie es sich Isabella Buck vorgestellt hat. Schon im vorherigen Kapitel haben wir argumentiert, dass der digitale Fortschritt stets mit Arbeitsverdichtung gekoppelt war. Ob Schule oder Wirtschaft – warum sollte plötzlich eine KI mehr Freiheit bringen, wenn sich der ökonomische Rahmen nicht ändert, und die Lehrpläne an staatlichen Schulen vollgestopft bleiben? An den Universitäten stellen sich ähnliche Fragen, zumal die Hausarbeit ein klassisches Instrument ist, um wissenschaftliche Texte zu verfassen, die sich am Ende auch bewerten lassen. Alles vorbei? Der Suchprozess an den Unis angesichts von KI läuft, neue Methoden der Prüfung werden angedacht.

Wir konzentrieren uns dabei auf einen kleinen Ausschnitt dieser breiten Diskussion, der sich in einem interessanten Gedankenexperiment spiegelt. Es geht um den akademischen Schreibprozess – und wir verdanken das Experiment Nadine Lordick, Mitarbeiterin im „Schreibzentrum des Zentrums für Wissenschaftsdidaktik" der Ruhr-Universität Bochum.[32] Ihr Thema ist die „Paraphrase", also die Zusammenfassung fremder Gedanken in eigenen Worten, ohne in ein simples Plagiat abzugleiten. Eine häufige Aufgabe in wissenschaftlichen Texten.

Lordick schlägt vor, eine fremde Textstelle ohne KI zu paraphrasieren – und sich dabei vier Fragen zu stellen: „Was konkret tue ich? Was denke ich? Was lerne ich? Was fühle ich?" Es lohnt sich, besonders dem Gefühl nachzuspüren, weil wir sonst leicht in der Kognition stecken bleiben. Es könnte sich zeigen, dass die Identifikation mit der eigenen Tätigkeit stärker ist, als beim Schreiben von Prompts. Das erhöht die Motivation und steigert auch das Erlebnis der Selbstwirksamkeit. So tritt keine Entfremdung ein, die Arbeit liegt dem Menschen noch am Herzen. Dazu gehört es auch, Frustrationen

---

32 Lordick, Nadine (2023): KI und Lehre – machen oder lassen?, in: https://lehreladen.rub.de/planung-durchfuehrung-kompetenzorientierter-lehre/textgenerierende-technologien-in-der-lehre/lernziele-mit-und-ueber-textgenerierende-technologien/ vom 06.03.2024

auszuhalten und zu überwinden, wenn die Arbeit einmal nicht leicht von der Hand geht.

Soweit unsere Gedanken, lassen wir wieder Lordick zu Wort kommen. Sie stellt weitere Fragen: „Bin ich zu nah am Text? Ist deutlich, wen ich referenziere und warum? Wie binde ich die Paraphrase so ein, dass sie in meine Argumentation passt? Positioniere ich mich zu dem Gesagten?“ In diesen Worten spiegelt sich eine geistige Aktivität, ein echtes Ringen mit dem Text, auch wenn es „nur“ eine Paraphrase ist.

Auf dieselben Fragen fallen die Antworten ganz anders aus, die Lordick beim Einsatz eines Sprachmodells zur Diskussion stellt: „Wie kriege ich hin, dass der generierte Text in meine Argumentation passt? Muss ich die Paraphrase überarbeiten? Was muss ich eigentlich über wissenschaftliche Paraphrasen wissen, um zu erkennen, dass der generierte Text gut ist?“

Besonders die dritte Aussage sticht ins Auge: Bei dem Text eines Sprachmodells müssten wir schon vorher „wissen“, was die Qualität einer guten Paraphrase ausmacht. So beißt sich der akademische Kater selbst in den Schwanz. Denn gutes Paraphrasieren lernen wir am besten, indem wir selber paraphrasieren, ganz im Sinne eines „aktiven, personalen und auch emotionalen Prozesses“, wie ihn Schieren in der Waldorfpädagogik verortet. Auf diese Weise greift bei abstrakten Tätigkeiten ebenfalls das Primat der Handlungsorientierung, die genauso in der universitären Praxis ihren Platz haben sollte. Und Lordick? Sie sieht im Schreiben ein „hilfreiches Mittel im Lern- und Erkenntnisprozess [...], um Inhalte besser zu verinnerlichen oder sich mit Ihnen auseinanderzusetzen.“ Schreiben ist Lernen. Und ein faszinierender Prozess, den wir im nächsten Abschnitt weiteruntersuchen.

Eine erste Erkenntnis zeichnet sich ab: Je mehr wir beim Schreiben kognitive Prozesse an KIs delegieren, desto größer wird das Risiko, dass die intrinsische Motivation leidet, und die wichtige Identifikation mit der eigenen Arbeit verloren geht. Ein selbst innerlich gedachtes und getipptes Wort hat für uns einen höheren Wert als ein Wort, das die KI erzeugt. Es sei denn, der Schreibprozess wird als Qual erlebt, wie es bei vielen Menschen der Fall ist. Bringt dann ChatGPT die (Er)lösung?

Wir glauben nicht daran, weil es auch eine seelische Qualität darstellt, sich zum Schreiben durchzuringen. Die Angst vor einem leeren Bildschirm kennen viele Menschen, die Texte schreiben wollen. Schreibblockaden sind ebenfalls bekannt, und manches Wort fließt nur zäh aus der Tastatur. Trotzdem: Wir sind alle entwicklungsfähig! Techniken des Schreibens lassen sich lernen – und je mehr wir uns an Texten versuchen, desto stärker kurbeln wir unsere Fähigkeiten und die Neuroplastizität im Gehirn an. Es gilt die schlichte Wahrheit: „Übung macht den Meister".

Ein Einwand könnte lauten: *Intrinsische Motivation* ist heute sowieso ein Glücksfall. In Schule und Universität dienen Noten als extrinsische Leistungspeitsche; Waldorfschulen sind dagegen Inseln der Glückseligkeit … Stimmt zwar nicht, aber ihre handlungsorientierte Pädagogik könnte eine größere Strahlkraft entfalten, gerade im aufziehenden KI-Zeitalter. Sie rückt jedenfalls die *intrinsische Motivation* bei Schülern, Auszubildenden und Studierenden wieder in den Vordergrund. Das würde völlig neue Lernerfahrungen möglich machen.

Hinzu kommt: Kaum ein Schreibprozess verläuft linear! Werden Sätze revidiert und durch neue Formulierungen ersetzt, ist das ein rekursiver Ablauf. Das bedeutet, „dass jede Formulierung überarbeitet und zu einer neuen Formulierung wird, die auch wieder überarbeitet werden kann", wie es die Schreibforscherin Prof. Jasmin Merz-Grötsch ausdrückt.[33] Diese Rekursivität spiegelt sich in der Komplexität des Schreibens: Einzelne Tätigkeiten überlappen sich, alle Prozesse lassen sich beliebig wiederholen, frühere Aktivitäten vermischen sich mit späteren, jede neu gewählte Formulierung gibt den Anstoß für weitere neue Formulierungen – und alle diese Prozesse können gleichzeitig erfolgen!

Der menschliche Geist schlägt komplexe Wege ein, um anderen Menschen seine Gedanken in Texten mitzuteilen. Eine großartige Leistung voller Faszination, die bereits bei Alltagstexten zu spüren ist – und in wenigen Fällen mit dem Literatur-Nobelpreis geehrt wird. Vielfältig sind dazu die Fähigkeiten: Kreatives Denken, Offenheit für Inspirationen, Zähigkeit und Durchhaltekraft, Konzentration, kritisches Hinterfragen, Empathie … wahrscheinlich lässt sich diese Liste noch weiter fort-

33 Merz-Grötsch, Jasmin (2010): Texte schreiben. Grundlagen, Methoden, Unterrichtsvorschläge, Seelze, Klett 2010, S. 54

setzen. Leider könnte es bald eine rote Liste bedrohter Kompetenzen sein!

Der Grund: Wir halten es für unwahrscheinlich, dass ChatGPT und Co. lediglich „lower order concerns" (Buck) wegrationalisieren. Die Versuchung ist zu groß, die Axt auch an die „high order concerns" zu legen. Ein Beispiel: Die Redakteurin eines Magazins probierte neulich ChatGPT zum ersten Mal aus. Sie fütterte das Sprachmodell mit den nötigen Informationen, ließ den Text in Sekunden produzieren – und freute sich, wie ein gutes Ergebnis in kurzer Zeit auf ihrem Bildschirm erschienen ist. Sicher hatte sie sich eine Stunde Arbeit gespart, und ChatGPT hatte die ganze Arbeit gemacht. Wer kann da noch „Nein" sagen? In einer hektischen Arbeitswelt, geprägt von Zeitdruck und Arbeitsverdichtung? Pech für die Redakteurin, wenn sie später die gewonnene Zeit in noch mehr Texte für ihren Auftraggeber zu investieren hat.

Doch der größte Haken kommt jetzt: Wir gewöhnen uns daran, die Dienste von ChatGPT jederzeit in Anspruch zu nehmen. Da eine Paraphrase, dort eine Headline, ab und zu ein kurzer PR-Text, dann wieder eine komplette Gliederung, natürlich „nur" als Inspiration. So nistet sich die KI im Arbeitsalltag ein, schafft aber nur scheinbare Entlastung („cognitive offloading"), weil das Phänomen der Arbeitsverdichtung allgegenwärtig ist und scheinbar positive Effekte wieder auffrisst.

Nehmen wir noch den existenziellen Bereich der Bildung hinzu, etwa Schulen und Universitäten, so ist zu befürchten, dass sich das Bild einer „Verflachungshypothese" abrundet (E-READ-Projekt). Die Promptologie wird zur akzeptierten Methode, schon Schülern könnte diese kognitive Abkürzung gelehrt werden – immer im Zeichen des technischen Fortschritts, der die Menschheit dem Paradies nahebringt.

Es ist aber ein Sturz in die Hölle: Die „Verflachungshypothese" aus der Bildschirmnutzung lässt sich zusätzlich untermauern, wenn wir unsere Überlegungen zur Neuroplastizität heranziehen (Kapitel 1). KI und „screen inferiority" würden zwei wesentliche Kulturtechniken in Mitleidenschaft ziehen: das Lesen und Schreiben – und damit das menschliche Denken!

Jeder Knopfdruck-Text der Künstlichen Intelligenz verhindert, dass Menschen über ihre Worte tiefer nachdenken! Ein Angriff auf das Bewusstsein, weil der Mensch geistige Räume zum Üben verliert – genauso wie ein Sportler, der sein Training vernachlässigt. Schreiben ist ein geistiger Prozess, der viel zu wertvoll ist, um ihn an einen Computer zu delegieren.

Doch der Angriff auf die Ich-Entwicklung ist noch viel massiver, wenn wir die Rolle der KI als Prognose-Tool betrachten. Das geschieht im nächsten Kapitel, in dem wir unsere bisherigen Überlegungen bündeln und mit Effekten zusammenführen, die KI auf menschliche Biografien haben könnte.

7.

Erfahrung geraubt

KI-Staubsauger für Studierende

„KI verharrt im Kontext der Hochschule als schlafender Riese", schreibt Dirk Ifenthaler, Inhaber des Lehrstuhls für „Wirtschaftspädagogik – Technologiebasiertes Instruktionsdesign" an der Universität Mannheim.[34] Der KI-Experte ist sich sicher: „Trotz der zögerlichen Implementierung birgt KI weit mehr Potenziale, um die Hochschulen zu verändern, als jede Technologie zuvor." Was passiert, wenn dieser Riese wirklich aufwachen sollte? Es geht um viel mehr als KI-erzeugte Texte! Es geht um eine KI, die im Vorfeld der Studienwahl direkt in die Biografie von Studierenden eingreift. Dafür sieht Ifenthaler bereits gute Gründe, etwa die „Steigerung von Studienerfolg", die „Verbesserung des Studienverbleibs",

34 Ifenthaler, Dirk (2023): Ethische Perspektiven auf Künstliche Intelligenz im Kontext der Hochschule, in: Schmohl, Tobias [Hrsg.]; Watanabe, Alice [Hrsg.]; Schelling, Kathrin [Hrsg.]: Künstliche Intelligenz in der Hochschulbildung. Chancen und Grenzen des KI-gestützten Lernens und Lehrens, transcript, Bielefeld, S. 71–86

die „Verringerung der Studiendauer“ und damit verbunden natürlich wieder einmal die „Senkung von Kosten“.

Warum sind diese möglichen Effekte erwünscht? Dazu liefert das *Deutsche Zentrum für Hochschul- und Wissenschaftsforschung* einige Daten. An den Universitäten nahm die Abbruchquote trotz Bologna zu, 2006 lag sie bei 25 Prozent, 2020 erreichte sie 35 Prozent (bezogen auf einen Absolventenjahrgang). Und im Durchschnitt dauerte an Universitäten ein erfolgloses Studium bis zum Abbruch 5,7 Semester.[35] Könnte KI an diesen Missständen etwas ändern? Wird es also Zeit, den „schlafenden Riesen“ wachzurütteln?

Damit will das Forschungsvorhaben „AIStudy-Buddy“ beginnen, das 2021 gestartet ist.[36] Zwar liegen noch keine Ergebnisse vor, aber die Ziele sind bekannt. Verantwortlich für die Durchführung zeichnet die Bergische Universität Wuppertal. Am Anfang steht die Analyse von Studienverlaufsplänen: „Durch die KI-Technologie werden diese abstrakten Pläne mit empirischen Studienverlaufsdaten kombiniert, um solche Verlaufsprofile zu ermitteln, die tatsächlich zu erfolgreichen

---

35 Bundesministerium für Bildung und Forschung (2022): „Studienabbruchquoten für deutsche Studierende im Erststudium nach Hochschularten und ausgewählten Abschlussarten“, Tabelle, in: www.datenportal.bmbf.de/portal/de/Tabelle-2.5.90.html vom 09.03.2024

36 Haberger, Denise (2021): Mit Künstlicher Intelligenz Studienverläufe besser planen, Pressemitteilung, Bergische Universität Wuppertal, in: https://idw-online.de/de/news779210 vom 09.03.2024

Studienabschlüssen führen." Die Wissenschaftler gehen dabei mit einem KI-Staubsauger ans Werk, der in einem großen Umfang Daten von Studierenden sammelt. So lassen sich Muster in vergangenen, auch gescheiterten Studienverläufen entdecken. Es entstehen „Anhäufungen" (Cluster) ähnlicher Lebensläufe im Studium, die zum Beispiel Erfolgsbedingungen erkennen lassen – oder typische Szenarien des Scheiterns.

„Studierende haben dann die Möglichkeit, ihren bisherigen individuellen Studienverlauf mit erfolgreichen Studienverläufen abzugleichen", sagt die Wuppertaler Professorin Kerstin Schneider, die das Projekt wissenschaftlich leitet. Die Bildungsökonomin weiter: „Sie erhalten Beispiele dafür, wie sich Studierende mit ähnlichen Verlaufsprofilen und Studiensituationen verhalten, um zum erfolgreichen Studienabschluss zu gelangen." Und Dr. Simon Görtz, operative Projektleitung, stellt fest: „Studierende erhalten einen Raum, individuelle Wege durch ihr Studium zu finden und auch *Irrwege* zu erkennen und zu korrigieren" [Hervorhebung durch den Autor].

Das System „AIStudyBuddy" steht also für den Anspruch: Studierende sollen am Computer „Irrwege erkennen" – was für eine edle Absicht, wobei in unseren Augen ein KI-gestützter Weg sichtbar wird, der tatsächlich in die Irre führt. Denn: Bei den universitären Programmen handelt es sich um eine Spielart von „Predictive Analytics" – eine datengestützte Glaskugel! Datenwissenschaftler blicken in diese „Kugeln", um aus gewaltigen Datenbeständen Korrelationen und Muster abzuleiten. Daraus ergeben sich Extrapolationen für die Zukunft. Doch diese wird niemals sein, wie die Vergangenheit schon war – trotzdem wird versucht, mit Daten von Gestern Voraussagen für Morgen zu machen. Es sind aber Voraussagen, die nur auf Wahrscheinlichkeitsrechnung beruhen. Doch die Risiken sind noch viel größer, wie der nächste Abschnitt zeigt.

Optimierte Biografie

In einer Welt der Ungewissheit ist die Versuchung groß, sich einer scheinbar überlegenen KI in die Arme zu werfen. Mit eventuell fatalen Konsequenzen, wie auch Ifenthaler einräumt: „Wir sehen in vielen Forschungsbeiträgen, dass Unterstützung und Entmündigung nahe beieinander liegen. Wir müssen darauf achten: Helfen diese Systeme wirklich, oder verhindern sie, dass Lerner weiterkommen?"

Auf den ersten Blick steigert die KI die Effizienz der Universität, spart Kosten und scheint eine praktikable Lebenshilfe für Studierende zu bieten. Doch der Preis könnte hoch sein, den eine Gesellschaft zu zahlen hat, wenn sie junge Menschen solchen Systemen anvertraut. Natürlich wird es im Beratungsgespräch heißen, die Aussagen der KI dienten nur der Orientierung. Doch allein der ökonomische Druck wird dazu führen, dass die stochastisch gestützten Ratschläge im Vordergrund stehen. Die scheinbar objektiven Informationen kriechen langsam ins Bewusstsein, das subjektive Urteil tritt in den Hintergrund, intuitive Einsichten verlieren an Bedeutung. Der Entscheidungsprozess nimmt einen bequemeren Verlauf, da mathematisch „exakte" Argumente den Ausschlag geben.

Denn die Auseinandersetzung mit eigenen Stärken und Schwächen wird ausgelagert; die Leistungsfähigkeit der KI relativiert die Verantwortung für das eigene Leben. Auf der Strecke bleibt das Urteilsvermögen – und die Freiheit des einzelnen Studierenden, der sich einer mathematischen Scheinrationalität zu unterwerfen hat. Er kann nicht mehr dem eigenen Urteil trauen.

Mit anderen Worten: Das Vertrauen in die Selbstwahrnehmung wird ersetzt durch ein Vertrauen in ein allmächtiges Beratungstool. So geht der Studierende in die KI-Falle – und Zweifel am Selbstwert könnte die Konsequenz sein, weil eine externe Autorität über das Studium entscheidet. Es sei denn, der Prozess der Selbstentmachtung wird durchschaut!

Besonders tückisch ist dabei, dass ein Maßstab für stochastische Erfolgsmenschen entsteht: Es droht eine standardisierte Blaupause, an der sich künftig Studierende zu orientieren haben. Da bleibt kein Platz für Zufälle, persönliche Begegnungen oder überraschende Erkenntnisse. Alles, was das Leben in seiner Vielfalt ausmacht, gerät ins Räderwerk der KI. Die scheinbare Voraussagbarkeit ist die natürliche Feindin kreativer Spontanität. Ebenfalls wichtig: Verloren gehen auch Chancen des Scheiterns, das Recht auf Umwege und die Möglichkeit, aus eigenen Erfahrungen sein Leben zu gestalten. Kein Algorithmus sollte Menschen den Mut nehmen, sich eigenen Krisen bewusst zu stellen. Stattdessen schnappt die KI-Falle zu. Im Internet findet sich dazu eine Sentenz, genau passend, leider ohne Nennung der Quelle: „Die Weisheit des Alters ist Gift für die Jugend. Sie verhindert Fehler, die unerlässlich sind – für die Weisheit des Alters.“

Ausblick

Neuroplastizität, Schreiben und Lesen sowie optimierte Biografien – zu diesen Themen haben wir in unserem Buch viele Argumente entwickelt. Die KI-Technologie könnte auf breiter Front das menschliche Bewusstsein angreifen. Doch im Moment ist es erst möglich, gut begründete Vermutungen zu formulieren. Sie sollten aber den Blick für kritische Fragen schärfen, damit nicht allein IT-Lobbyisten bestimmen, wie das Bild der KI in der Öffentlichkeit aussieht.

Um einen Ausblick zu wagen, führen wir aus den bisherigen Kapiteln zwei Linien der Argumentation zusammen – sie bilden zwei Seiten derselben Medaille:

Linie 1: Das Ich wächst an Erfahrungen im Leben, wobei die *Selbstreflexion* ein wichtiges Instrument darstellt. Sie lässt sich als Spiegelung von Gedanken interpretieren, die genau in dem „Spiegel" auftauchen, den Rudolf Steiner als Metapher für das Gehirn vorgeschlagen hat. Dieses Organ braucht aber eine dauerhafte Neuroplastizität, was sich verkürzt in unserm sportlichen Motto ausdrückt: „Use it, or lose it". Sobald KIs wie ChatGPT die Notwendigkeit verringern, selbst um die richtigen Worte zu ringen, fehlt auf Dauer das geistige Training – der „Spiegel" bekommt Flecken und Risse. Die E-READ-Studie hat gezeigt: Generell beeinträchtigt schon die Arbeit am Bildschirm kognitive Fähigkeiten. Im Ergebnis leiden beide Kulturtechniken, das Lesen und das Schreiben, die zugleich Ausdruck und Trainingsmittel unseres Bewusstseins sind (Kapitel 4–6).

Linie 2: Humane *Erfahrungen* werden ausgelagert, ja bewusst an eine KI delegiert, wodurch sich für das Ich der unmittelbare Kontakt mit der Welt reduziert. Es tritt ein Defizit persönlicher Erlebnisse auf, ohne die keine kognitiv-emotionale Reifung des Menschen stattfindet. Der Einsatz von KI in der Beratung von Studierenden könnte zur Folge haben, dass Menschen eigener Erfahrungen beraubt werden. Das würde auch für weitere KI-gesteuerte Beratungstools gelten, sobald Erfahrungen der Klienten an statistischer Mustererkennung und optimierten Biografien gemessen werden, etwa in der Psychotherapie, der Berufsberatung oder dem Karriere-Coaching. Das bedeutet: Mit der KI-Studienberatung würde eine unheilvolle Entwicklung beginnen. Sie diente im Essay als Beispiel für ein technologisches Paradigma, das sich in vielen gesellschaftlichen Bereichen auszubreiten droht. Motto: „Die KI ist immer viel schlauer als der Mensch! Lass sie für Dich entscheiden!" Ein trüber Ausblick für die menschliche Freiheit (Kapitel 7).

Daher lautet unsere Forderung: Wenn es um eine tiefere Entwicklung der Ich-Organisation geht, sollte der Eingriff einer KI unterbleiben, selbst bei objektiv bestechenden Resultaten. Wirklich hilfreich sind die *eigene* Erfahrung, der *eigene* Schmerz, das *eigene* Glück. Die beste „Lösung" ist nicht sinnvoll, sobald sie sich ein Mensch nicht selbst erarbeitet. Der Grund: Die Erfahrungen der Menschen werden weichgespült; mögliche Ecken und Kanten einer Biografie glattgeschliffen, damit sie nicht schmerzhaft ins Bewusstsein treten. Optimierung steht in großen Lettern auf dem Schild, das auf diesen kognitiven Holzweg führt!

Das Beispiel aus der Universität zeigt deutlich: Jeder junge Mensch soll in kürzester Zeit genau das „Richtige" studieren, sowie das Studium mit besten Noten abschließen. Das maximiert das Studienglück und macht den Studierenden ökonomisch optimal verwertbar, besonders, wenn er weniger Selbstreflexion entwickelt, weil Risse seinen geistigen „Spiegel" durchziehen. So fügt er sich leichter in berufliche Hierarchien und fällt nicht durch einen kritischen Kopf auf. Denn die *äußere* KI-Steuerung bewirkt *innere* Schwäche. Etwa, weil der Studierende erfolgreich gelernt hat, umfangreiche Tätigkeiten an KIs wie ChatGPT zu delegieren. Auf diese Weise verbinden sich die Argumentationslinien: Trotz der KI-Verheißungen lassen sich biografische Krisen schwerer bewältigen (1), wenn eine *schwächende KI* die Bildung von Fähigkeiten und die damit verbundene Neuroplastizität in ihren Wirkungen verringert (2).

Doch der Wunsch nach einem störungsfreien Leben ist stark. Er könnte genau die Störungen auslösen, die wir vermeiden wollen. Diese Störungen wirken dann wie ein Erdbeben, das ganze Städte verwüstet, statt als Sturm vorüberzuziehen. Hermann Hesse hat diese Überlegungen kraftvoll formuliert:[37]

> „Aus Leiden kommt Kraft, aus Leiden kommt Gesundheit. Es sind immer die ‚gesunden' Menschen, welche plötzlich umfallen und an einem Luftzug sterben. Es sind die, welche nicht leiden gelernt haben, Leiden macht zäh, Leiden stählt."

Diese Zeilen sind sicher literarisch überhöht, bergen aber einen wahren Kern. Selbstverständlich gilt: Niemandem ist zu wünschen, dass sein Leben in eine Katastrophe steuert. Doch ein KI-gesteuertes Leben kann zum geistigen Unglück werden, wenn das Ich nicht mehr an seiner Entwicklung arbeiten darf. Dazu sollte es die Möglichkeit haben, auch bittere Erfahrungen in der Außenwelt zu sammeln.

Es ist eine ordentliche Portion Mut nötig, um eine Welt der Ungewissheit zu ertragen, die sich oft jeder Kalkulation entzieht. Exogene Schocks können jederzeit ganze Gesellschaften erschüttern. Unerwartet, überraschend und zerstörerisch – wie „9/11", die Pleite von

---

37 Hesse, Hermann (1985): Die Hölle ist überwindbar, Suhrkamp Verlag

„Lehman Brothers“ oder der russische Angriffskrieg gegen die Ukraine. Seit Oktober 2023 gehört ebenfalls der Terror-Überfall dazu, den die Hamas auf jüdische Bürger verübt hat und der seither herrschende Krieg in Nahost. So der Stand der weltweiten Polykrisen, als für dieses Buch die letzten Zeilen getippt wurden.

Wird dem Menschen in diesen globalen Krisen zusätzlich der „Spiegel“ der Selbstreflexion entrissen, verschärft sich die Situation für die seelische *Innenwelt*, weil die eigenen inneren Kräfte und die damit verbundene Neuroplastizität erlahmen. So könnte sich die „Verflachungshypothese“ bestätigen – und wir sind weniger in der Lage, uns mit einer konfrontativen *Außenwelt* auseinanderzusetzen, inklusive der Nöte in der eigenen Seele.

Angesichts dieser dauerhaften Attacken wird es immer schwieriger, selbst Gedanken zu bilden, um auf einem Weg zur geistigen Freiheit zu gelangen, wie ihn Rudolf Steiner beschreibt: „Es handelt sich dabei darum, dass man die Freiheit entwickelt hat zunächst im Gedanken. Im Gedanken geht der Quell der Freiheit auf. Der Mensch hat einfach ein unmittelbares Bewusstsein davon, dass er im Gedanken ein freies Wesen ist.“[38]

So kann es jedem Menschen gelingen, sein Handeln durch Selbstreflexion aus der Dominanz triebbestimmter Schichten der Seele zu emanzipieren. Er kann so zu

38 Steiner, Rudolf (1994): „Esoterische Betrachtungen karmischer Zusammenhänge“, 8. Aufl., Rudolf Steiner Verlag, Dornach/Schweiz, S. 54

einer Welt „reiner Begriffe“ aufsteigen, die in seinem Denken sichtbar werden. Daher schreibt Christian Grauer:[39]

> „Wer aus reinen Begriffen handelt, handelt nach Steiner als freier Geist und ist durch nichts Äußeres bestimmt. Er ist sich der Gründe seines Handelns voll bewusst. Steiner bezeichnet den Akt des Denkens, der die Begriffe ins Bewusstsein treten lässt, als Intuition. Jene Intuition ist der Quell der Handlungsmotive des freien Geistes und Steiner bezeichnet sie, insofern sie Motive hervorbringt, als moralische Phantasie.“

Sicher: Um diesen Weg zur Erfahrung innerer Freiheit zu betreten, bedarf es großer Anstrengungen, um das eigene Denken zu trainieren. Das beschreibt Rudolf Steiner in seinem Grundlagenwerk *Wie erlangt man Erkenntnisse der höheren Welten?* Doch die vielen Hindernisse auf dem Weg dahin lassen sich wohl kaum überwinden, wenn Künstliche Vernunft die natürliche Intelligenz der Menschen untergräbt. Genau das könnte geschehen, wenn KI-Systeme immer mehr kognitive Fähigkeiten ersetzen. ChatGPT und Sora scheinen erst der Anfang zu sein … und eine „Kritik der künstlichen Vernunft“ gewinnt immer mehr an Bedeutung.

---

39 Grauer, Christian (2024): „Steiners Idee der Freiheit“, in: info3, Januar 2024, S. 44

Wir alle sind aufgerufen, den gegenwärtigen KI-Hype zu durchschauen, besonders den Marketing-Trubel um Sprachmodelle wie ChatGPT. Wir sollten die Kultur des Lesens und Schreibens viel stärker kultivieren, um die Macht solcher Systeme in die Schranken zu weisen. Führerschein ab 18? ChatGPT ab 18? Außerdem ist die Invasion der Seele zu stoppen, die mit Beratungstools wie „AIStudyBuddy" begonnen hat. Wir müssen schon jetzt die Freiheit des Menschen verteidigen, gegen die wachsende Allgegenwart der Künstlichen Intelligenz. Sonst gerät unsere Freiheit in Gefahr, durch Bequemlichkeit zu sterben – viel schneller als durch Roboter-Armeen in einer dystopischen Zukunft. Lassen wir es nicht so weit kommen.

Kleines KI-Glossar

Algorithmus
Programme, die einen festen Ablauf haben. Sie wurden von Programmierern erstellt, um Schritt A genau nach Schritt B abzuarbeiten.

ChatGPT
Ein Produkt von Open AI, einer amerikanischen Firma, die mit diesem KI-Programm im November 2022 einen globalen Hype auslöste. Der Wortteil „Chat" steht für die Fähigkeit, dass der Mensch dialogisch mit dem Sprachmodell kommunizieren kann. In einem Frage-Antwort-Spiel lassen sich vielfältige Aufgaben lösen, etwas das Schreiben von Texten in beliebiger Qualität.

Deep Fake
Künstliche Intelligenz wird dafür eingesetzt, Bilder oder Videos zu generieren, die auf den ersten Blick täuschend echt wirken. Sie sind aber reine KI-Konstrukte. So lassen sich kreativ Kunstobjekte erzeugen, aber auch Möglichkeiten der Manipulation und Propaganda er-

schließen. Deep Fakes dienen oft gezielt der Desinformation.

Fake
Älterer Bruder des Deep Fake. Ein Fake bezeichnete ursprünglich eine Falschmeldung, die bewusst zur Manipulation der Öffentlichkeit verbreitet wurde. Früher eine „Ente" in der Zeitungssprache.

Hypertrophie
Der Fachbegriff benennt den Muskelaufbau, also eine Vergrößerung der Muskulatur, die durch ein gezieltes Training möglich wird, etwa durch Kraftsport. Vorhandene Muskelfasern verdicken sich, neue Muskelzellen kommen aber nicht hinzu.

Korrelation
Begriff aus der Statistik: Er beschreibt das gemeinsame Auftreten zweier Faktoren, die aber nicht in einem kausalen Zusammenhang stehen müssen. Oft genanntes Beispiel: In Südschweden gibt es viele Störche, und es werden viele Kinder geboren. Also bringt ein Storch den Eltern das Baby.

Künstliche Intelligenz (KI)
Wer KI-Anwendungen entwickelt, versucht sich am menschlichen Lernen und Denken zu orientieren. Dazu werden Strukturen aus dem Gehirn auf Computer übertragen. Auf diese Weise scheinen Rechenmaschinen

„intelligent" zu sein. Sie arbeiten nicht nur feste Programme ab, sondern sind in der Lage, in gewaltigen Datenbeständen Muster zu erkennen und scheinbar eigenständige Antworten zu entwickeln. Dabei wird zwischen zwei Formen unterschieden: Die *nicht-generative KI* arbeitet innerhalb von Grenzen, aber ohne klare Wenn-Dann-Regeln („Leitplanken"). Trainingsdaten sind die Grundlage, wie dieser Weg aussieht. *Generative KI* hat weit größere Freiheitsgrade: Aufgrund von Trainingsdaten „entscheidet" die KI selbst, welchen Weg sie einschlägt – und welche Resultate sie erzielt.

Large Language Model (LLM)
Zu Deutsch: großes Sprachmodell. Es besteht aus einem Programm, das sehr viele Funktionen bei der natürlichen Sprachverarbeitung übernimmt. Ein LLM wird mit Milliarden Datensätzen trainiert. So ist es in der Lage, Texte oder andere Inhalte zu erkennen, zu übersetzen, vorherzusagen oder zu generieren. Auf diese Weise werden LLM zur Grundlage von Systemen wie ChatGPT, kombiniert mit einer Dialog-Funktion für den Menschen.

Machine Learning
Für das Machine Learning (Maschinelles Lernen) werden Algorithmen entwickelt, die auf Statistik aufbauen, etwa zur Gesichtserkennung. Dazu sind in maschinenlesbarer Form Daten zu nutzen, die Informationen über Erfahrungen oder Beobachtungen liefern. So trainiert eine KI.

Mustererkennung
Ein wesentlicher Bestandteil des Machine Learnings. Sie arbeitet mit dem Erkennen von bestimmen Merkmalen oder Eigenschaften, die ein Datensatz aufweisen kann. Dabei lassen sich auch Trainingsdaten integrieren, um Modelle aufzubauen. Ziel ist es, Voraussage-Tools mit Daten zu unterlegen („Predictive Analytics"). Kaum verzichtbar für KI-Anwendungen.

Neuronale Netze
Grundlage für KI: Sie haben das Gehirn des Menschen als Vorbild. Typische Anwendungen gibt es beim autonomen Fahren oder der Spracherkennung. Das Prinzip: Künstliche Neuronen ahmen Nervenzellen im Gehirn nach, und zwar auf der Basis von Algorithmen. Es entstehen hochkomplexe Verknüpfungen, die in kürzester Zeit extrem große Datenmengen verarbeiten. Daher wird die Begrifflichkeit „neuronale Netze" häufig synonym für „Künstliche Intelligenz" verwendet.

Neuroplastizität
Veränderungen neuronaler Strukturen im menschlichen Gehirn, und zwar abhängig von Aktivitäten. Diese Plastizität gilt für einzelne Nervenzellen und ganze Hirnareale. Sie hat die Aufgabe, die Funktionsfähigkeit des Gehirns zu sichern, anzupassen oder zu erweitern. Auf die Neuroplastizität wirken sich Lernprozesse oder äußere Schädigungen aus, etwa bei Unfällen. Unverzichtbar für kognitive Prozesse.

Prompt

Englische Bezeichnung für eine Anweisung, die einer KI gegeben wird. Sie basiert auf einer Texteingabe, die möglichst umfassend und eindeutig sein sollte, damit sie ein gewünschtes Ergebnis erreicht. Wie es der Wortteil Chat bei ChatGPT andeutet, kann ein Prompt in Variationen mehrfach wiederholt werden, um die Resultate der KI zu präzisieren. Die *Frankfurter Allgemeine Zeitung* schreibt bereits über den Zukunftsjob „Promptologe".

Soras

Visueller Bruder von ChatGPT. Das Programm wurde von Open AI Februar 2024 auf den Markt gebracht, ist allerdings noch nicht allen Konsumenten zugänglich. Die KI-Anwendung erzeugt Videos, wenn Nutzer einen Prompt als Arbeitsanweisung eingeben (wie bei ChatGPT). Dabei entstehen täuschend echte Kurzfilme, die neben künstlerischen Projekten auch das Potenzial zu wirkmächtigen Deep Fakes haben.

Weitere Titel aus dem Info3 Verlag

Eine Auswahl

Jens Heisterkamp

Schöne neue Wirklichkeit

Sieben post-faktische Denkblockaden und ihre Überwindung

1. Auflage 2017, 130 Seiten, Broschur, € 12,80

ISBN 978-3-95779-055-2

Jens Heisterkamp wehrt sich in diesem Buch gegen den alles relativierenden Trend unserer postfaktischen Zeit mit ihren „alternativen Tatsachen" und „fake news". Die Infragestellung von zentralen Begriffen unserer Verständigung bekommt angesichts neo-autoritären Trends mit Gestalten wie Putin, Trump oder der Neuen Rechten eine ganz neue Brisanz. Ist uns die Wirklichkeit tatsächlich abhanden gekommen? Heisterkamp setzt diesem Relativismus eine Liebeserklärung an die Wirklichkeit und an die Kraft des Denkens entgegen.

www.info.de

Otto Ulrich

Utopie einer lobbaren Zukunft

Zeitfelder 1921 – 2021 – 2121

1. Auflage 2021, 132 Seiten, Klappenbroschur, € 12,90

ISBN 978-3-95779-135-1

Eine experimentelle Utopie mit kritischen Tönen zur Gegenwart und provokanten Ideen für eine „lobbare Zukunft“. *Wenn von Zukunft die Rede ist, kommt heute meist nur der technologische Fortschritt zur Sprache. Otto Ulrich nimmt eine andere Perspektive ein: Drei jahrhundertübergreifende „Zeitfelder“ werden in den Blick gerückt auf der Suche nach Ideen und Impulsen, die sich bereits als zukunftsbildend erwiesen haben oder noch erweisen werden.*

www.info3.de

Johannes Kiersch

Von der Steinzeit bis zum Great Reset

Ein Anthroposoph versucht, sich nach Corona zurechtzufinden

Schlanke Reihe Band 1

2. Auflage 2022, 78 Seiten, Klappenbroschur, € 9,90

ISBN 978-3-95779-148-1

Die globale Corona-Pandemie und die damit einhergehenden massiven Maßnahmen bedeuten auf vielen Ebenen einen historischen Einschnitt. Dieser Essay nimmt dies zum Anlass eines Rückblicks in die Entwicklungsgeschichte des menschlichen Bewusstseins, um im größtmöglichen Überblick den Sinn für die Brisanz der Lage zu schärfen. Dabei bilden Hinweise Rudolf Steiners immer wieder wichtige Orientierungshilfen.
Ein persönlicher und zugleich grundlegender Beitrag, unsere Gegenwart tiefer zu verstehen.

www.info3.de

Martina, Johannes und Tobias Hartkemeyer
Dialogische Intelligenz
Aus dem Käfig des Gedachten in den Kosmos des gemeinsamen Denkens.
3. Auflage, Oktober 2018, 200 Seiten, Broschur, € 19,80
ISBN 978-3-95779-033-0

Den Anderen verstehen, eigene verengte Standpunkte überwinden und gemeinsam Neues Denken – das ist die Perspektive, die durch Dialog möglich wird. Was den echten Dialog ausmacht und wie wir unsere eigene „Dialogische Intelligenz" wecken können, zeigt dieses praxisorientierte Buch. Die Autoren greifen auf langjährige Beratungserfahrungen in der Begleitung von Veränderungsprozessen in Einrichtungen und Unternehmen zurück. Zahlreiche Experten einer modernen Dialogkultur kommen zur Sprache – ein Werkstattbuch im besten Sinne des Wortes. Mit einem Vorwort von Gerald Hüther.

www.info3.de

Johannes, Martina, Tobias Hartkemeyer

Sternstunden Dialogischer Intelligenz

Genie-Streiche, Irrgärten und Glücksmomente menschlicher Begegnung

1. Auflage 2022, 264 Seiten, Klappenbroschur, € 19,90

ISBN 978-3-95779-155-9

Die hier versammelten Texte sind Gespräche rund um das Thema Dialog, die Johannes Hartkemeyer, meist zusammen mit seiner Frau Martina, geführt hat.

Marshall Rosenberg, Fritjof Capra, Joseph Weizenbaum, Jesper Juul, Hans-Peter Dürr und viele andere internationale politische Dialogpartner von Mittelamerika bis in die islamische Welt kommen zu Wort. Geschichten und Gedanken zur Praxis des Dialogs ergänzen die Interviews.

www.info3.de

INFO3 VERLAG

Kirchgartenstr. 1, 60439 Frankfurt
Tel. 069-58 46 47
E-Mail: vertrieb@info3.de
www.info3.de